ADEUS,
APOSENTADORIA

GUSTAVO CERBASI

ADEUS, APOSENTADORIA

Copyright © 2014 por Gustavo Cerbasi

Todos os direitos reservados. Nenhuma parte deste livro pode ser utilizada ou reproduzida sob quaisquer meios existentes sem autorização por escrito dos editores.

ORIENTAÇÕES AO LEITOR: As sugestões feitas neste livro são baseadas em regras de aplicação geral e não podem acarretar qualquer tipo de responsabilidade do autor ou dos editores. O propósito das orientações é auxiliá-lo em suas reflexões e motivá-lo a agir ativamente em busca de transformações positivas para sua vida. Conte sempre com um especialista certificado antes de realizar investimentos, adotar estratégias complexas e de risco, contratar seguros ou planos de previdência e adquirir bens de alto valor. O especialista é a pessoa qualificada para ajustar as reflexões aqui tratadas às particularidades de cada indivíduo.

edição
Anderson Cavalcante

revisão
Hermínia Totti, Juliana Souza e Melissa Lopes Leite

projeto gráfico e diagramação
DTPhoenix Editorial

capa
Rodrigo Rodrigues

impressão e acabamento
Lis Gráfica e Editora Ltda.

CIP-BRASIL. CATALOGAÇÃO NA PUBLICAÇÃO
SINDICATO NACIONAL DOS EDITORES DE LIVROS, RJ

C391A   Cerbasi, Gustavo, 1974-
            Adeus, aposentadoria / Gustavo Cerbasi; Rio de Janeiro: Sextante, 2014.
            160 p.; 16 x 23 cm.

            ISBN 978-85-431-0097-5

            1. Aposentadoria. 2. Finanças pessoais. 3. Educação financeira. I. Título.

14-13207   CDD: 332.024
                                                       CDU: 330.567.2

Todos os direitos reservados, no Brasil, por
GMT Editores Ltda.
Rua Voluntários da Pátria, 45 – Gr. 1.404 – Botafogo
22270-000 – Rio de Janeiro – RJ
Tel.: (21) 2538-4100 – Fax: (21) 2286-9244
E-mail: atendimento@esextante.com.br
www.sextante.com.br

Sumário

Apresentação	7
1. Não dá para contestar os fatos	11
Seu cérebro quer o mesmo que você?	13
Estatísticas nada animadoras	16
A ilusão dos números	19
Parte do problema está em nossa maneira de pensar	23
Você está preparado?	26
2. Por que as atuais soluções não solucionam	31
3. Como garantir renda e liberdade crescentes ao longo da vida	81
Seu papel no capitalismo	83
Ressalva importante: o que é empreender	88
O caminho a ser seguido	92
1) Educação para o trabalho	94
2) Educação para empreender	96
3) Educação para investir	99
4. Transformando a teoria em prática	103
O tão necessário equilíbrio	105
Medidas aceleradoras	106
Obstáculos à aplicação das estratégias aceleradoras	115
5. Um plano para garantir bem-estar e renda adequada para toda a vida	119

    Desde o início: passo a passo do projeto completo   120
    Caso prático: a atitude empreendedora nos
        negócios imobiliários   140

6. Uma sociedade mais rica e melhor   145
    Da consciência capitalista à prática   145
    Hora de alçar voo   146

IDOSO OU VELHO?   151

APÊNDICES
    Simulação de Aposentadoria – Faça as contas você mesmo!   153
    Simulação de Poupança – Faça as contas você mesmo!   155

AGRADECIMENTOS   157

Apresentação

Esqueça tudo o que você já ouviu falar sobre aposentadoria. Aliás, esqueça a ideia de se aposentar. Aposentadoria, no sentido que o senso comum dá a essa palavra, é um conceito ultrapassado se consideramos o estilo de vida que todos queremos e buscamos ter. Vem sendo cada vez mais debatida a ideia de que o atual modelo de aposentadoria não se sustenta.

Há três ou quatro décadas, todos planejavam trabalhar por 30 ou 35 anos, e então se aposentar e viver tranquilamente, sem preocupações, pelos 5 ou 10 anos que lhes restassem de vida. Ao se aposentar, não sofriam e não davam trabalho a ninguém, pois viviam da previdência pública e dos complementos gerados pelo saque do fundo de garantia e pela venda de algum bem adquirido ao longo da vida. Naquele tempo, a aposentadoria representava a meta final em nosso projeto de vida.

Hoje, ela marca o início de uma etapa que pode ser longa a ponto de não conseguirmos ter uma noção exata do que esperar dela. Não temos sequer referências, pois, mesmo que nossos pais tenham tido vida longa, estavam em um contexto bastante diferente do atual.

Estamos vivendo mais, com mais qualidade, custo de vida mais alto e maior nível educacional e cultural. Após desfrutar de tantas experiências de consumo e lazer, ninguém estará disposto a simplesmente aceitar um estilo de vida com escolhas limitadas pela falta de dinheiro. Se a redução na renda não matar de fome, vai matar de depressão muitos desprecavidos.

Infelizmente, a maioria de nós ainda planeja trabalhar por 30 a 35 anos, mas sem grandes cuidados para garantir que de fato esteja bem a partir de então. Em geral, a aposentadoria formal ainda se dá por volta dos 60 aos 65 anos, ou meia década mais cedo para servidores públicos. Porém o sentimento a partir daí normalmente é de frustração, seja pela renda insuficiente, seja pela falta que faz a saudável e construtiva rotina de trabalho.

Bancos, empresas de previdência, fundos de pensão e o Ministério da Previdência Social preconizam que as pessoas precisam poupar mais, para que as contas das previdências pública e privada fechem. Mas será que isso basta diante de modelos e serviços pouco eficientes para as ambições de uma população cada vez mais consciente de sua necessidade de bem-estar? Poupar mais resolve o problema, ou amanhã seremos levados a fazer ainda mais esforço?

Essa solução simplista de poupar mais é, na prática, inviável. O Brasil vive hoje seu período de bônus demográfico, a fase histórica em que, dentro do processo de envelhecimento da população, a maior parte dos habitantes do país se encontra na fase produtiva, gerando renda e contribuindo para a previdência. Nessa fase, o país deveria estar investindo maciçamente em infraestrutura e melhorias na educação e na qualidade de vida da população, além de criando reservas extras para a previdência pública. Não está. Tanto o governo quanto as pessoas e as empresas estão torrando os ganhos extras dessa fase. A corrupção e o oportunismo, que drenam dos cofres públicos e privados os recursos que deveriam se transformar em investimentos, nunca estiveram tão evidentes. Nos próximos anos, gastaremos cada vez mais com saúde, segurança, educação privada e impostos. É impraticável, neste modelo, imaginar que as famílias possam aumentar consideravelmente seu esforço de poupança.

A pressão por gastos cresce mais e mais, a inflação nunca esteve de fato sob controle, os rendimentos dos investimentos são decrescentes, a expectativa de consumo só aumenta e a capacidade de poupar está longe do ideal. Calma lá! Não é o cenário que está contra nossos planos. O problema está na **fórmula** que adotamos para tentar enfrentar essa situação. Ela simplesmente não funciona mais. Sua vida mudou, a economia do país mudou, e sua relação com o dinheiro também deve mudar.

É preciso adotar um novo modelo para planejar o futuro, já que as soluções para sobreviver no contexto atual não são convincentes. É essa nova forma de lidar com o dinheiro ao longo da vida que proponho neste livro. Reuni pesquisas e reflexões sobre casos de fracasso e de sucesso para desenvolver conselhos atualizados sobre a melhor maneira de se educar, de investir, de gerenciar a carreira e de desfrutar aquilo que foi plantado.

Ao longo de mais de uma década dedicando-me a estudar e trabalhar com educação financeira, escrevendo, fazendo palestras e orientando públicos de diversas idades e classes sociais, preparei-me para apresentar aqui uma nova forma de lidar com a evolução da riqueza ao longo da vida. Acredito que você irá se supreender com alguns dos elementos-chave do que proponho. Ao contrário do que sugerem as infrutíferas soluções atuais, o caminho que recomendo envolve menos privações, maior qualidade de vida, investimentos conservadores e mais sonhos realizados no decorrer dos anos.

Não acredita? Esse modelo tem sido testado há mais de 10 anos, inclusive entre pessoas que já chegaram à aposentadoria e que tiveram que lidar com os resultados limitados de um planejamento malsucedido. É uma proposta prática e acessível a qualquer um que esteja disposto a escrever a própria história. Peço seu voto de confiança sobretudo nas primeiras páginas desta leitura, para entender o que precisa ser mudado e como seus planos para o futuro podem melhorar de maneira definitiva.

1
Não dá para contestar os fatos

*D*urante toda a minha vida, segui o que pareciam ser as regras do jogo. Procurei trabalhar em empresas sólidas, fui um profissional dedicado, cursei especialização e pós-graduação, criei uma rede de relacionamentos e pratiquei toda a política necessária para ser reconhecido pelos meus superiores.

Tive parte de meus ganhos retidos no contracheque para contribuir com os fundos de pensão das companhias para as quais trabalhei. Acompanhei, de tempos em tempos, meu saldo no INSS para ter certeza de que as empresas não estavam deixando de fazer a sua parte na construção de meu futuro. Seguindo a recomendação de especialistas, ainda poupei uma parcela de meus ganhos líquidos, investindo de acordo com as orientações de meus gerentes de conta, que sempre demonstraram segurança no assunto. Diversifiquei investimentos, evitando deixar tudo no banco: também comprei e construí alguns pequenos imóveis.

Pelo que fiz ao longo de minha vida profissional, pensei que chegaria a um ponto em que teria muito mais do que o suficiente para viver bem. Os fundos de pensão deveriam garantir *uma renda equivalente à que eu tinha enquanto trabalhava. O INSS deveria me garantir proteção e um complemento significativo de renda para ampliar minhas escolhas. Meus investimentos deveriam ser desfeitos apenas se acontecesse algum imprevisto.*

Hoje estou aposentado, como previsto pelas regras que segui.

Mas, ao contrário do retorno esperado em termos de renda e proteção, a única coisa que realmente tenho de sobra é um enorme sentimento de insegurança. Os fundos de pensão me proporcionam uma renda até maior do que a que eu tinha pouco antes de me aposentar, mas meus gastos aumentaram demais. A renda do INSS é incrivelmente baixa comparada ao sacrifício incrivelmente alto que foi contribuir para ele ao longo de toda a minha carreira. E, ao avaliar o estado de minha moradia, percebi a necessidade de realizar melhorias. Ao fazer as contas, percebi que meus investimentos poderão ser consumidos em pouco tempo se eu não tomar bastante cuidado.

Sinto medo, pois tive que me adequar a um padrão de vida que parece estar em um frágil equilíbrio. Temo que qualquer imprevisto possa me colocar na situação de insuficiência e desconforto que já experimentei nos meus primeiros anos de trabalho. O problema é que naquela época eu tinha algumas escolhas a fazer. Agora, como aposentado, não tenho. Preparei-me durante décadas para não precisar contar com outras opções de renda, e de que adiantou?

Aposentado não é exatamente o termo com o qual me identifico. Na verdade, estou é apavorado!

Essa é a história de José. E também de João, de Maria, de Fulano, de Beltrano e de Sicrano. A descrição acima foi criada com base em aspectos comuns a dezenas, talvez centenas de depoimentos que colhi durante consultas, consultorias, palestras, aulas e trocas de mensagens ao longo de meu trabalho de consultor e especialista em educação financeira. É a história da desilusão de quem seguiu um roteiro que prometia o Éden, mas que conduziu a uma melancólica situação de insegurança e impotência.

Fiz questão de frisar que essa não é a situação de alguém que passou por algum imprevisto. O número de pessoas que me trouxeram esse tipo de reflexão após a aposentadoria é tão grande que me levou à conclusão de que estamos nos pautando por regras erradas, ou então não percebemos que esse não é um jogo em que se entra para vencer. O jogo é que está errado, e algo precisa ser feito para que essa realidade seja mudada.

Se você passa por isso, conhece alguém que esteja nessa situação ou simplesmente está buscando conhecimento para evitar esse cenário, é fundamental entender que, se continuar fazendo o que pareceu ser o certo até hoje, irá chegar ao mesmo resultado decepcionante a que milhões de pessoas chegam todos os anos. Você precisa mudar a maneira de se educar e os motivos pelos quais adquire conhecimento. Acredite: no mundo atual, não devemos mais buscá-lo apenas para ter sucesso no trabalho.

Seu cérebro quer o mesmo que você?

Nos últimos anos, dediquei-me com afinco a encontrar motivos para as pessoas darem mais atenção à educação financeira. Afinal, todos sabemos que existem incontáveis armadilhas nas também incontáveis decisões que tomamos diariamente a respeito de nosso dinheiro. Se lidar bem com compras, crédito, dívidas, investimentos e planos para o futuro requer cuidados, nada seria mais natural que buscar informações sobre esse assunto.

Na prática, porém, todo ser humano tem certa resistência – alguns muito mais que outros – para dedicar tempo a aprender melhor como gerenciar seu dinheiro. Conto nos dedos as pessoas que já vi estudarem cuidadosamente um contrato de plano de telefonia celular ou de financiamento de um automóvel – "é padrão, né?", pergunta a maioria para os nada isentos vendedores.

E quantos compram livros e não leem, ou leem e não colocam em prática? Ou recebem da empresa em que trabalham cartilhas com orientações importantes sobre a previdência e deixam para estudá-las quando sobrar um tempinho?

Quando eu ainda enfrentava filas de banco, sempre via várias pessoas com expressão impaciente, sem saber o que fazer. Mas nunca vi ninguém aproveitar o tempo para estudar os contratos que costumam vir no verso das contas a pagar. Dá-se tão pouca importância a eles que é comum virem em letra miúda e em tom que se confunde com a cor do papel, para que as pessoas não leiam mesmo. Afinal, ninguém vai reclamar disso.

Por outro lado, há quem estude cuidadosamente as dezenas mais sorteadas na loteria, ou que saiba na ponta da língua as probabilidades de ganho para cada dezena a mais apostada. Contas e mais contas são feitas por milhões de pessoas, todas as semanas, para aumentar de maneira irrisória a probabilidade mínima de seus números serem sorteados. E o que dizer daquelas que passam horas e horas garimpando um desconto em sites de compras coletivas, ou então que fazem planos complexos para encaixar no orçamento a compra do carro dos sonhos, mas dizem não ter tempo para estudar investimentos ou criar outra fonte de renda?

As razões dessa aparente insanidade são muito bem discutidas e entendidas por um ramo da ciência chamado psicologia econômica. Basicamente, o que explica o que deixamos de fazer e o que fazemos sem obter grandes resultados é o fato de nosso cérebro dar mais atenção ao que nos dá prazer. Comprar é um ato de prazer, de recompensa imediata. Ao mesmo tempo, planejamento financeiro é algo tão associado à privação, ao sofrimento ou à lembrança do grande problema que teremos pela frente que nosso cérebro trata de nos isolar desse tema.

É por esse motivo que:

- Quem contrata planos de previdência o faz porque acredita que deve fazer, não porque fez os cálculos necessários e tomou uma decisão bem embasada. Sabe que, se o fizer, perceberá que estará contribuindo menos do que precisa para seu futuro.
- Encontrar quem entenda o mecanismo da previdência pública (ou INSS) é mais difícil do que encontrar cabeça de bacalhau. As contas, os indicadores, os fatores de correção e as normas formam um emaranhado nebuloso de regras que, além de complicadas, estão sempre mudando no sentido de limitar mais os benefícios dos aposentados ou de aumentar os sacrifícios dos que contribuem.
- Um terço dos ganhadores de loteria perde tudo ou mais do que ganha. Eles fazem planos para gastar o que ganharam, mas não para manter. No filme *Até que a sorte nos separe*, o casal Tino e Jane (inspirado em um caso real que atendi em 2006) ganha um prêmio de 100 milhões na loteria e, após 15 anos de consumo nababesco e muito ócio e desperdício, vê-se falido. Com tanto tempo livre, não tiveram a curiosidade de fazer a continha básica de "Quanto tempo isso vai durar?".
- A quase totalidade dos trabalhadores passa a vida dedicando-se com afinco ao trabalho, confiando que problemas acontecem somente com os outros, e, ao se aposentarem, percebem-se diante de um abismo, mesmo contando com bens, fundo de pensão e renda da previdência pública. Dois em cada cinco casos que atendi de pessoas recém-aposentadas envolviam medo de sacar parte dos recursos investidos ou de se iniciar ativamente nos investimentos ou numa terapia para se adaptar ao vazio causado pela falta que o trabalho faz e ao estresse doméstico. Daí vem a conhecida frase: a aposentadoria do homem é o trabalho em tempo integral da mulher.
- Aposentadoria, para muitas famílias, significa mudar-se para um imóvel menor, desfazer-se da casa de veraneio, diminuir o padrão do automóvel, contar com a boa vontade da família

e com as políticas de isenção para idosos, e não esperar novas experiências da vida. O resultado disso é a doença silenciosa que acomete cada vez mais pessoas no mundo de hoje: depressão. Quem gosta de reduzir o padrão de consumo? E qual o sentido de planejar para tentar, com um pouco de sorte, apenas manter o padrão de vida, se vivemos tempos de esgotamento do modelo previdenciário? O mais impressionante é que todos ainda seguem o modelo esgotado, acreditando que alguém fará alguma coisa para melhorar isso.

Essas são apenas algumas consequências de escolhas perigosas que estamos fazendo com nossa riqueza ao longo da vida: adotamos um modo de viver e de planejar que nos leva aonde NÃO queremos chegar. Está mais do que na hora de você parar de construir seu castelinho de areia onde a onda do mar chega de tempos em tempos e arruína seus planos. Que tal mudar completamente a maneira de pensar nas suas finanças?

Estatísticas nada animadoras

Você já leu ou ouviu alguma notícia positiva ou otimista quando o assunto é o futuro da aposentadoria? Nem eu. Partimos de um cenário nebuloso para começar nossos trabalhos. É como se, em uma aula de educação artística, nos dessem uma tela suja e com restos de tinta para iniciarmos nossa obra de arte. Todos os estudos e todas as estatísticas atuais que se referem à aposentadoria se propõem a alardear um futuro de dificuldades e de colapso no sistema previdenciário.

Confira estes números:

- Em 2013, a expectativa de vida dos brasileiros chegou a 74,6 anos, com projeções feitas pelo IBGE[1] indicando que esse número vai chegar a 78,6 em 2030 e 81,2 em 2060.

---

[1] Instituto Brasileiro de Geografia e Estatística, site oficial www.ibge.gov.br.

- As pessoas com mais de 65 anos correspondiam, em 2013, a 7,4% da população, e as estimativas (também do IBGE) indicam que em 2030 serão 11,7% e em 2060, 26,7%.

O que é boa notícia para a medicina não se traduz em comemoração para a economia. A população vem envelhecendo na medida em que cai o número de filhos por família. Mais gente para desfrutar, menos para contribuir. São mais pessoas esperando depender de um sistema previdenciário que não funciona bem já para os aposentados de hoje.

- Em 2013, havia no Brasil 46 dependentes (jovens e aposentados sem trabalhar) para cada 100 pessoas ativas. Essa relação é chamada de taxa de dependência, que no caso do Brasil está em 46%. Segundo estimativa do banco de investimentos JP Morgan,[2] essa taxa cairá para 43% até 2022, e então começará a se elevar até que, em 2041, o número de dependentes supere o de pessoas ativas, com a taxa de dependência passando de 50%. No mundo, a média da taxa de dependência de todos os países em 2013 era de 63,3%.

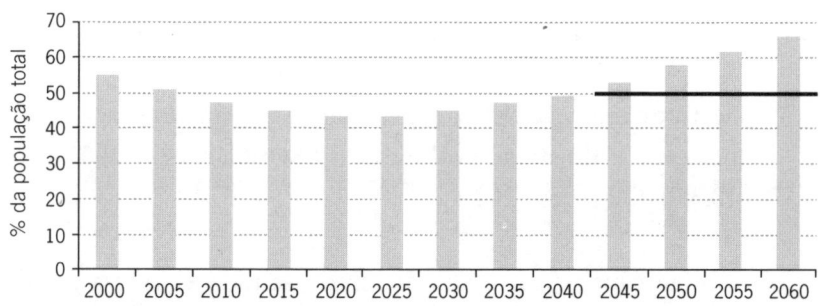

PROJEÇÃO DA TAXA DE DEPENDÊNCIA NO BRASIL

Fonte: IBGE, 2013

---

[2] Dados divulgados no Brasil pelo Banco JP Morgan S.A. em outubro de 2013.

A hora de fazer algo é agora. Estamos vivendo, no Brasil, o período histórico chamado, em economês, de *bônus demográfico*. À medida que a população fica em média menos jovem, o número de pessoas que trabalham supera o número de inativos. Essa fase marca o período em que o país deixou de ter uma população predominantemente jovem e inativa para ter a maior parte de seus habitantes trabalhando, antes de a população passar a ser predominantemente idosa e inativa, como aconteceu em muitos países hoje desenvolvidos. Essa inversão acontece em razão da diminuição do número de filhos por família e do aumento da expectativa de vida. As famílias têm menos filhos, mas estes vivem mais do que seus pais e avós.

Economistas de todas as linhas filosóficas estão fazendo o seguinte alerta: nessa fase, que costuma acontecer apenas uma vez na história de qualquer país, deveríamos estar acumulando poupança em ritmo acelerado e investindo fortemente em infraestrura para garantir que as próximas gerações não sofram com restrições na renda e na qualidade de vida. Pare e reflita por alguns segundos: você acredita que o que está sendo feito no Brasil é suficiente para o bem-estar das futuras gerações?

O prazo para aproveitarmos o bônus demográfico vai até 2041, mas até lá teríamos que aprender a poupar e a planejar com visão de longo prazo. Se não fizemos isso em 500 anos de história, quais as chances de conseguirmos virar o jogo a nosso favor?

- Segundo medição apurada pelo Banco Central do Brasil, o PIB per capita[3] do Brasil evoluiu de 2.861 dólares em 2002 para 10.350 dólares em 2013.

O PIB per capita é calculado dividindo-se toda a riqueza gerada no país pelo número de habitantes. Mesmo sendo o Brasil um país

---

[3] PIB per capita é um termo usado em economia que significa Produto Interno Bruto por pessoa. É quanto cada habitante do país cria de riqueza por ano, em média.

caracterizado pela desigualdade social e de renda, podemos deduzir pelo indicador citado anteriormente que, em média, cada brasileiro ficou quatro vezes mais rico em 10 anos, com a conta feita já em moeda forte (dólares americanos). Em outras palavras, mesmo que a renda familiar não tenha acompanhado essa evolução, os brasileiros estão consumindo mais – em muitos casos, com o questionável subsídio que o governo dá ao usar a arrecadação dos mais ricos para prover benefícios aos mais pobres.

Analisando no momento presente ou, como se diz em economia, no curto prazo, essa notícia é muito boa. Mas, pensando nos anos que vêm pela frente ou no longo prazo, estamos rascunhando hoje os planos de uma frustração generalizada para os últimos anos de vida de nossa população. Antes, a maioria das pessoas consumia pouco e contava tranquilamente com a baixa renda da previdência pública para manter o seu simplório estilo de vida até seus últimos dias. Mas, ao aprender a consumir mais e melhor, estamos criando para o futuro uma conta alta e impossível de ser paga pelo atual modelo.

Nesse contexto, inevitavelmente iremos sofrer para abrir mão de um estilo de vida que conquistamos e que não cuidamos para que fosse sustentável. Mais sofrimento e depressão induzem a mais problemas de saúde, o que acaba por encarecer nossos já previsíveis gastos altos com saúde. Será que podemos mesmo comemorar os anos a mais de vida que o conhecimento e a medicina estão nos trazendo?

A ilusão dos números

Digamos que você se conscientizou, há alguns anos, dos riscos criados pelas estatísticas que descrevi até agora. Ciente de que vai viver mais e depender de uma renda maior, você está poupando mais intensamente do que todos os seus conhecidos. Contratou um plano de previdência privada, está comprando pequenos imóveis além da casa própria que vem pagando e ainda faz algumas reservas para emergências, para não ter que dilapidar seus investimentos para o futuro.

Mesmo com todos esses cuidados, você pode ser surpreendido pela renda insuficiente para uma aposentadoria confortável, caso esteja se esquecendo dos perigosos efeitos da inflação em seus planos.

Em geral, são cometidos dois tipos de erro em relação à corrosão que a inflação causa em seu patrimônio:

1. Metas matematicamente objetivas, mas sem a devida correção
   Meu objetivo é me aposentar com um patrimônio de R$ 2 milhões, e espero conseguir isso dentro de 10 anos.

Essa reflexão é muito comum entre aqueles que afirmam que estão zelando pelo próprio futuro, e induz a uma perigosa armadilha. De nada adianta estabelecer como meta certo patrimônio se, durante o tempo em que ele for construído, seu poder de compra cair consideravelmente.

A prática correta inclui as seguintes iniciativas:

- estabelecer um valor de referência no início do plano de formação de poupança;
- descontar, nas contas feitas para projetar os valores acumulados ou a parcela a poupar a cada mês, o efeito inflacionário dos rendimentos obtidos nas aplicações;[4]
- de tempos em tempos, atualizar pela inflação acumulada o valor a ser poupado regularmente e também a meta de valores a serem alcançados.[5] O ideal é que essa atualização aconteça pelo menos a cada seis meses;

---

[4] Essa conta pode ser feita facilmente utilizando-se a Simulação de Aposentadoria ou a Simulação de Poupança, ambas disponíveis gratuitamente no site www.maisdinheiro.com.br/simuladores.

[5] Caso você tenha dificuldades em lidar com o conceito de inflação, recomendo a leitura de *Dinheiro: os segredos de quem tem*, de minha autoria. Você encontra uma sinopse de todos os meus livros publicados em www.maisdinheiro.com.br/livros.

- avaliar periodicamente se o indicador de inflação utilizado para as correções (como o IPCA ou o IGP-M) realmente reflete o aumento de seu custo de vida. Não raro, esses indicadores são manipulados pelo governo para alcançar metas que podem ser questionadas pela opinião pública.

Uma maneira um pouco menos trabalhosa de realizar projeções mais consistentes é fazê-las em moeda forte, como o dólar americano. Porém deve-se levar em consideração o trabalho de atualizar o câmbio em todos os controles de investimento, e também não se pode desprezar o efeito inflacionário na moeda forte. Apesar de menor, ele existe.

2. Percepção de ganho patrimonial sem apurar o ganho real
    Fiz um ótimo negócio ao comprar um imóvel há cinco anos, já que hoje ele vale o dobro.
    Gosto de comprar imóveis na planta, já que a valorização de cerca de 25% é praticamente certa durante os dois anos de construção.

Poucos investimentos criam uma sensação de enriquecimento tão falsa quanto os imóveis. Como os movimentos são bem mais lentos no mercado de imóveis do que nos mercados financeiros, as pessoas se habituaram a esperar alguns anos para avaliar se esse tipo de investimento é rentável ou não. Mas, na prática, a quase totalidade dos investidores se recusa a reconhecer seus erros e pontos fracos e costuma superestimar os ganhos.

A inflação é o maior vilão dessa história. Se seu imóvel se valorizou 100% e a inflação no período foi, digamos, de 30,82%,[6] a valorização real de seu imóvel foi de apenas 52,88%, praticamente metade

---

[6] Essa é a inflação acumulada no período de 5 anos compreendido entre novembro de 2008 e outubro de 2013, medida pelo Índice Nacional de Preços ao Consumidor Amplo (IPCA). Fonte: Sistema de Séries Temporais de Dados Econômicos do Banco Central do Brasil – www.bcb.gov.br.

do que os números brutos mostram. A conta feita envolve o simples raciocínio da conhecida regra de três: *se hoje eu pago o preço de R$ 130,82 para comprar o que há cinco anos custava R$ 100,00, então R$ 200,00 (o dobro de R$ 100,00) de hoje equivalem a que valor de cinco anos atrás?*

$$R\$\ 130,82 \rightarrow R\$\ 100,00$$
$$R\$\ 200,00 \rightarrow X$$

$$\rightarrow R\$\ 130,82 \times X = R\$\ 100,00 \times R\$\ 200,00 \therefore x = \frac{20.000}{130,82} \therefore x = R\$\ 152,88$$

Parece pouca diferença? Perceba que a conta acima mostra que, em apenas cinco anos, o seu ganho real pode ser de apenas metade do que os números mostram. Imagine esse efeito ao longo de 20 ou 30 anos de poupança!

Além da armadilha da inflação, é comum que o investidor de longo prazo esqueça também os gastos que teve nas negociações de seu investimento, como corretagens, comissões, pequenas reformas e ajustes, tributos e condomínio no caso de imóveis vagos, além do tempo consumido para resolver questões burocráticas. Sim, seu tempo também tem valor! Em geral, compara-se o preço de tabela de aquisição (que não inclui custos) com o preço de venda ou valor de mercado atual, o que também não inclui custos.

No caso de estimativa de valorização durante a construção, além dos custos que citei, não é costume levar em consideração atrasos na entrega da obra: 25% de ganhos em dois anos é bem diferente de 25% de ganhos em três anos!

O que vale para os imóveis também vale para outros investimentos com propostas de longo prazo, como planos de previdência privada, saldo no Fundo de Garantia do Tempo de Serviço (FGTS) e fundos imobiliários. Se você ignorar os efeitos da inflação e dos custos para investir e manter os ativos, pode ter uma sensação de enriquecimento ilusória. Lembre-se: por causa da inflação, mais cedo ou mais tarde todos seremos milionários. Resta saber se com R$ 1 milhão no futuro você será capaz de comprar uma casa ou apenas uma cesta básica.

Parte do problema está em nossa maneira de pensar

Não bastassem o cenário econômico desfavorável para a aposentadoria e as armadilhas da inflação, temos que entender também outra ameaça considerável a seus planos de aposentadoria: você mesmo.

- Segundo o Indicador Serasa Experian[7] de Educação Financeira, em 2013, 48% dos brasileiros não faziam nenhum tipo de investimento para sua aposentadoria.
- De acordo com o mesmo estudo, para 42% dos brasileiros a contribuição para o Instituto Nacional do Seguro Social (INSS) é o único tipo de investimento feito para a aposentadoria; 5% investem em um plano de previdência privada para complementar a renda futura do INSS, e 2% dos entrevistados contribuem somente para a previdência privada e não para o INSS.

O esforço feito pela maioria das pessoas para sua aposentadoria já seria insuficiente mesmo se o cenário não fosse tão ruim. Todos convivemos com avós, pais ou tios que sofrem algum tipo de privação, somos alertados diariamente pela mídia sobre o rombo do INSS, temos consciência de que aposentar-se está cada vez mais sofrido e, mesmo assim, pouco fazemos para mudar a situação.

As justificativas passam por agumentos do tipo:

"Já tentei poupar, mas sempre acontece algum imprevisto!"

"Usaram meus dados indevidamente, e agora estou com o nome negativado. Preciso resolver isso antes de pensar em poupar!"

---

[7] www.serasaexperian.com.br.

"*Como reservar para o futuro se meu dinheiro mal dá para o presente?*"

"*Sei que estou falhando no meu planejamento, mas todo mundo com quem comento sobre o assunto está pior que eu...*"

"*Hoje estou preocupado em dar conta das pressões do presente, mas sei que em breve vou parar para pensar nisso. Talvez na próxima segunda-feira...*"

São desculpas e mais desculpas que criam uma atitude de procrastinação ou indiferença extremamente perigosa. Na prática, não estamos habituados a fazer planos. Em primeiro lugar, porque não fomos educados para isso nem em casa nem na escola. Em segundo, porque o maior planejamento que todos fazem na vida está conduzindo o rebanho para a beira do precipício.

O estudante faz planos para trabalhar. Quando inicia a carreira, faz outros dois tipos de plano: para subir na carreira o mais rapidamente possível e para se aposentar em uma idade predeterminada, mas que seja a menor possível. Todos os demais planos na vida são vistos como secundários: casar, ter filhos, realizar sonhos, etc.

- Uma pesquisa feita em todo o mundo pelo Banco HSBC[8] apontou que os brasileiros gostariam de se aposentar aos 46 anos.[9] Enquanto isso, em 14 outros países também estudados pelo HSBC, entre eles Estados Unidos, Reino Unido, Austrália e França, a média declarada foi de 58 anos.
- Ainda segundo a pesquisa do HSBC, 25% dos entrevistados brasileiros não sabem qual será sua principal fonte de renda na aposentadoria. No mínimo, a constatação é incompatível com o sonho de se aposentar precocemente.

---

[8] Pesquisa O Futuro da Aposentadoria, publicada pelo Banco HSBC em 2013.
[9] Em 2013, a idade média de aposentadoria dos brasileiros era de 53 anos.

Com o passar do tempo, o plano de se aposentar cedo se mostra inviável, e os 65 anos aparecem como uma espécie de data-limite, até a qual devemos fazer os sacrifícios necessários e então parar tudo definitivamente.

Ao longo dos anos, vamos reforçando essa ideia e refutando qualquer outra que ameace esse plano específico de se aposentar aos 65 anos. Educamo-nos para crescer na carreira até os 45, investimos em nossa rede de relacionamentos por mais alguns anos, trabalhamos sobrecarregados nos últimos 10 anos antes da aposentadoria, para então alcançarmos nosso grande objetivo e nos arrependermos de não termos estudado mais, desfrutado mais, criado oportunidades diferentes na carreira ou ousado mais nos primeiros anos. Quase todos seguem a mesma receita, quase todos colhem o mesmo resultado: frustração.

Nossa sociedade nos ensinou a fazer planos para o trabalho, mas não para viver bem posteriormente. Não faltam relatos de pessoas que decidiram dar um novo rumo a sua vida, mas que apenas aumentaram sua frustração em razão da falta de preparo. Veja o caso a seguir, adaptado de um e-mail recente que recebi:

> *Aposentei-me como gerente de uma grande empresa distribuidora de energia e fui convidado pela diretoria da companhia a montar uma empresa prestadora de serviços na área de corte e religação em ruas, que, eu sabia, contava com um alto índice de queixas trabalhistas na Justiça. Eu e mais dois amigos, também ex-funcionários da distribuidora de energia, investimos o valor que recebemos da rescisão trabalhista para montar a empresa. O crescimento foi espantoso durante três anos. Chegamos a 400 empregados. A certa altura, a distribuidora de energia começou a cortar os excessos dos contratos e, num determinado dia, nos vimos totalmente quebrados – a empresa e nós três pessoalmente. Depois, ficamos sabendo que essa é uma prática comum dentro da distribuidora. Ela já quebrou pelo menos 10 outras empresas*

e seus sócios, da mesma maneira. Todos eram executivos entre seus 60 e 65 anos que achavam que poderiam continuar fazendo o que já sabiam fazer. Todos nos demos muito mal.

Ingenuidade do empreendedor? Crueldade da empresa para a qual trabalhou? Mais uma vítima da conhecida Lei de Gérson? O relato acima é apenas um exemplo das consequências de não nos prepararmos de maneira adequada para uma fase da vida em que, certamente, desejaremos fazer algo para transformar o mundo, gerar renda e perseguir objetivos grandiosos. Afinal, é isso que nos mantém desejosos de viver. Mas a falta de planos específicos (como estudar o mercado em que se pretende abrir um negócio, no caso anterior), a provável ansiedade para iniciar o empreendimento e obter renda, e a ausência de preocupação com esse tema enquanto estava na ativa jogaram esse aposentado em uma armadilha. Agora, ele é mais um idoso que depende dos baixos ganhos da previdência pública e da família.

Você está preparado?

Não importa qual seja sua idade: os planos para o que você fará quando atingir a idade em que a maioria estiver se aposentando deveriam ter feito parte de suas reflexões desde o momento em que você escolheu sua profissão. Mas nosso modelo educacional não provoca reflexões de prazo tão longo. Algumas pessoas até realizam, parcialmente, esse tipo de planejamento quando optam por um concurso público ou decidem seguir a carreira esportiva. Sem dúvida, um atleta tem consciência de que não poderá se dar ao luxo de descansar quando se aposentar do esporte aos 35 ou 40 anos.

Mas, independentemente da carreira e dos caminhos que você escolheu, é provável que esteja sendo otimista demais ao contar com uma forcinha do acaso para as coisas não acontecerem em sua vida como acontecem para mais de 95% das pessoas.

As perguntas a seguir foram elaboradas para pessoas de quaisquer idade e situação financeira e vão avaliar até que ponto você está preparado para esta fase que se convencionou chamar de aposentadoria. Reflita cuidadosamente antes de dar suas respostas.

1. Ao pensar sobre sua aposentadoria, você se sente confiante e não desconfortável?

    ( ) SIM   ( ) NÃO

2. Você possui um controle detalhado de suas finanças atuais?

    ( ) SIM   ( ) NÃO

3. Mesmo que já seja aposentado, você poupa regularmente parte de sua renda?

    ( ) SIM   ( ) NÃO

4. O patrimônio ideal (PI) para você agora equivale a 10% do gasto anual da família vezes a sua idade.[10] Seu patrimônio (bens e investimentos) é igual ou superior a esse valor?

    ( ) SIM   ( ) NÃO

5. Você contribui para o INSS?

    ( ) SIM   ( ) NÃO

6. Você ainda vai receber algum valor por meio de herança?

    ( ) SIM   ( ) NÃO

7. Se necessário, você se sente em condições de prolongar seus planos de trabalho?

    ( ) SIM   ( ) NÃO

---

[10] PI = 10% x [Gasto Anual da Família] x Idade, ou PI = 10% x 12 x Gasto Médio Mensal x Idade, como explicado em meu livro *Como organizar sua vida financeira* (www.maisdinheiro.com.br/livros).

8. Você dedica tempo regularmente para estudar algum tipo de investimento?

   ( ) SIM   ( ) NÃO

9. Você já elaborou, mesmo que mentalmente, planos detalhados para ter um negócio próprio?

   ( ) SIM   ( ) NÃO

10. Você possui habilidades que lhe permitam obter renda de outra maneira que não seja através do trabalho típico desempenhado em sua carreira?

    ( ) SIM   ( ) NÃO

11. Você discute seus planos de aposentadoria com seu parceiro?

    ( ) SIM   ( ) NÃO

12. Você cultiva amizades e relacionamentos fora de sua rede de contatos profissional?

    ( ) SIM   ( ) NÃO

13. A rotina de família é tão ou mais confortável e agradável do que a rotina de trabalho?

    ( ) SIM   ( ) NÃO

14. Independentemente do custo financeiro, seu plano de saúde atual poderá ser mantido se você deixar de trabalhar?

    ( ) SIM   ( ) NÃO

15. Você tem planos claros e objetivos para a vida que deseja levar quando parar de trabalhar?

    ( ) SIM   ( ) NÃO

Para sua autoavaliação, some o número de respostas afirmativas.

Se você teve até 5 respostas afirmativas, a aposentadoria não é ainda sequer um conceito viável em seu planos, quanto mais a ideia de liberdade. Você está completamente amarrado ao trabalho para se manter por muitos anos, o que é uma ameaça a seu bem-estar.

Se seu resultado está entre 6 e 10 respostas afirmativas, seu caminho para a aposentadoria segue o padrão de planejamento que a maioria das pessoas aplica na própria vida. É insuficiente para um futuro tranquilo.

Com resultado entre 11 e 13, você já pode ser considerado acima da média em termos de planejamento para uma fase com maior liberdade e tranquilidade, mas ainda com potencial para restrições e imprevistos típicos de uma vida limitada por uma renda inferior à desejada.

Se tiver resultado igual ou maior do que 14 respostas afirmativas, seu caso é incomum e você já deve ter percebido isso, pois está no caminho certo e deve se sentir sozinho quando compara seus cuidados aos dos seus amigos e familiares. Aproveite a leitura para reunir argumentos e compartilhá-los com as pessoas com as quais você espera passar seus anos mais à frente.

Ao refletir sobre cada pergunta, você provavelmente se deu conta de que a solução do problema não se limita à acumulação de patrimônio. Há outras questões a se tratarem no aspecto emocional e na preparação para empreender e investir com segurança e bons resultados, mas por enquanto iremos nos ater a criar uma estrutura financeira adequada para o período da vida em que você busca ter maior liberdade.

No próximo capítulo, discutirei as soluções que têm sido adotadas como forma de planejamento para os anos futuros, e explicarei por que muitas dessas soluções não são suficientes para garantir os efeitos desejados.

2
Por que as atuais soluções não solucionam

Ter planos para o futuro não é garantia de que alcançaremos nossos objetivos. Obtive o depoimento a seguir de um experiente economista que teoricamente tomou todos os cuidados que estiveram a seu alcance durante a vida para que não lhe faltasse liberdade financeira após cumprir os requisitos formais para a aposentadoria:

> *Ao longo de minha vida profissional, tomei o cuidado de arquivar todos os comprovantes das contribuições que fiz para o INSS. Foram 35 anos de contribuição, que cumpri na esperança da proteção que teria do órgão público e seguindo a orientação de empregadores e de amigos.*
>
> *Ao dar entrada em meu processo de aposentadoria, senti-me bastante incomodado com a extensa relação de exigências impostas pela burocracia do INSS. Mas todo o cuidado que tive para guardar os documentos valeu a pena, e consegui atender a todas as exigências.*
>
> *Nos últimos 10 anos de trabalho, aumentei minha contribuição para o máximo legal, esperando receber 10 salários míni-*

mos. Qual não foi minha surpresa ao constatar, em meu extrato, o recebimento de apenas 5 salários de aposentadoria! Sentindo-me injustiçado, solicitei revisão dos cálculos. O pedido foi aceito, os cálculos foram refeitos e os analistas do INSS chegaram ao mesmo resultado de antes.

Senti-me extremamente lesado, e esse sentimento cresce a cada ano, já que minha aposentadoria é corrigida por um indicador de inflação inferior ao de aposentados que recebem apenas um salário-mínimo. Qual a razão disso? Qual a lógica? Hoje, nove anos após me aposentar, meus vencimentos não chegam sequer a três salários mínimos! Para onde vão os outros sete salários que eu esperava ganhar enquanto contribuía?

Vivemos em um país em que as regras, tradicionalmente, mudam ao sabor das ideologias políticas. Diante do cenário atual, vamos à discussão das soluções para aquilo que você considera ser uma aposentadoria ideal. Cuidar bem de seu futuro financeiro significa assegurar ganhos para seu sustento, mesmo que você não possa ou não deseje trabalhar. Para conseguir isso, você precisa de uma ou mais das seguintes soluções:

- poupar regularmente e acumular um patrimônio significativo e que lhe gere uma renda maior do que espera consumir;
- acumular conhecimentos e diferenciais que façam de você um profissional muito solicitado e com potencial para exercer diversas atividades, a ponto de poder selecionar o que lhe interessa;
- criar fontes de renda que não dependam de você, como direitos autorais, royalties ou negócios que funcionem sem intervenção significativa de sua parte.

De certa maneira, todos que são minimamente conscientes do problema sabem que as soluções são essas. No entanto, os caminhos que as pessoas do mundo inteiro se habituaram a seguir para edificar suas aposentadorias estão conduzindo-as para dificuldades nunca antes vivenciadas na história. Não é razoável supor que indivíduos criativos, capazes de imaginar soluções incríveis para os mais variados problemas ao longo de suas carreiras, se vejam conformados com o declínio de sua condição de consumo e bem-estar nos últimos anos de sua vida, como se isso fosse, simplesmente, normal.

O planejamento da aposentadoria, da maneira que é feito hoje pela quase totalidade das pessoas, tornou-se nada além de um exercício de procrastinação. Essa postura diante do futuro as conduzirá ao mesmo resultado: a impotente falta de escolhas diante das forças da economia.

Para que você entenda os motivos por trás de tanta frustração, relacionei as estratégias mais comuns adotadas no planejamento da aposentadoria. O objetivo aqui não é invalidá-las, mas sim apontar os principais riscos aos quais devemos atentar na busca por uma saída mais eficiente.

Estratégia nº 1
CONTRIBUIR PARA O INSS

O Instituto Nacional do Seguro Social,[1] ou INSS, é a previdência pública ou social administrada pelo governo. Seu saldo é formado por contribuições das empresas e dos empregados, garantindo a renda do contribuinte e de sua família em casos de doença, acidente, gravidez, prisão, morte e velhice.

As maiores qualidades da aposentadoria pelo INSS são: o fato de ser garantida pelo governo, o que significa que irá oferecer seus benefícios mesmo que sua operação seja deficitária; e o caráter vitalício do benefício, a partir do momento em que ele passa a ser desfrutado. Mesmo que o beneficiário venha a falecer precocemente, a renda passa para o cônjuge. Se este também falecer logo, a verba é direcionada para os filhos até os 21 anos. Além disso, o benefício é isento de imposto de renda a partir dos 65 anos.

Todas as pessoas deveriam contribuir para o INSS, a não ser que seu planejamento financeiro inclua um pacote completo de investimentos para a previdência, um planejamento sucessório[2] detalhado e uma contratação de seguros para proteger as posses e a integridade da família diante de diversos tipos de imprevistos. De qualquer maneira, jamais considere apenas a futura renda do INSS como a sua aposentadoria; não se conforme com isso. O INSS é apenas um detalhe em seu planejamento.

---

[1] O site do Ministério da Previdência Social traz os regulamentos e canais de esclarecimento de dúvidas referentes à previdência: www.mps.gov.br.

[2] Planejamento sucessório é a adoção de estratégias para transferir bens para os filhos com o menor impacto tributário possível, respeitando os interesses dos doadores da herança e com orientação aos sucessores para que continuem o legado dos pais na construção do patrimônio.

Pontos fracos: Por mais que sua renda seja suficiente hoje, você precisa se convencer de que seu custo de vida tende a crescer com o passar dos anos, e o montante pago pelo INSS não acompanhará essa evolução. Outras iniciativas são necessárias para complementar sua renda. Além disso, lembre-se de que o INSS é um órgão governamental, sujeito a uma série de burocracias e idiossincrasias típicas das repartições públicas. Quem não mantiver seus documentos organizados ao longo de toda a vida deve se preparar para lidar com filas, informações incompletas e servidores sem qualquer motivação para solucionar problemas.

 Pontos de atenção: Não deixe de contribuir para o INSS[3] para ter direito a diversos benefícios, não só à renda na aposentadoria. Mantenha arquivados e organizados todos os comprovantes de recolhimento: caso você se sinta injustiçado pelos cálculos feitos no momento de definir seu benefício (o que é bastante provável), só poderá contestá-los com provas documentais.

---

[3] A contribuição para o INSS é obrigatória para quem recebe remuneração proveniente do seu trabalho. Apenas os segurados facultativos (donas de casa, estudantes, síndicos de condomínio não remunerados, desempregados, presidiários não remunerados e estudantes bolsistas) podem optar por não contribuir. Quem não recolhe as contribuições obrigatórias se torna devedor e pode ter a dívida executada a qualquer momento. A previdência social tem 5 anos para cobrar os atrasados.

Estratégia nº 2
CONTRIBUIR MAIS PARA O INSS

A maioria das pessoas tem na contribuição para o INSS sua única garantia de sustento no futuro. Para famílias de baixa renda, habituadas a viver com ganhos inferiores ao pagamento máximo de benefícios do INSS,[1] a contribuição para a previdência social é decisiva, já que será suficiente para garantir uma renda próxima à da fase produtiva.

No entanto, por ser a única forma de planejamento praticada atualmente pela maioria dos brasileiros, muitos optam por reforçar suas contribuições no sentido de alcançar benefícios maiores em sua aposentadoria. Não raro, deparo com pessoas que se esforçam de modo a contribuir para receber o teto do INSS – o que é um erro.

O plano do INSS é baseado no conceito de pacto entre gerações, o que significa que a geração que paga contribuições está arcando com os benefícios da geração que já trabalhou e que recebe o benefício hoje. Quando os contribuintes de hoje se aposentarem, quem pagará os benefícios será a geração que então estiver trabalhando. Como vimos, com o passar dos anos aumenta o número de beneficiários e diminui o número de contribuintes.

A tendência é que o benefício seja reduzido cada vez mais, e isso já vem sendo feito de várias maneiras: aumento da idade mínima para se aposentar, correção do benefício abaixo da inflação, aumento do fator previdenciário,[2] criação de um tributo sobre aposentadorias/pensões e aumento do teto de contribuição.

---

[1] O pagamento máximo de benefícios do INSS é também conhecido como "teto" do INSS.
[2] O fator previdenciário é aplicado sobre o valor do benefício a ser recebido pelo aposentado e é calculado considerando-se a idade, a expectativa de sobrevida e o tempo de contribuição do segurado ao se aposentar. Na prática, ele reduz o valor do benefício para quem se aposenta mais jovem, induzindo as pessoas que tenham direito de se aposentar a postergar a aposentadoria.

Quem contribuir para receber seu benefício pelo teto irá, inevitavelmente, ter seus planos frustrados. Os únicos beneficiados de fato pelas características atuais do sistema são e continuarão sendo aqueles que contribuíram para receber um salário-mínimo. Uma vez que 1) as políticas governamentais dos últimos anos têm se concentrado no aumento do poder de compra real do salário-mínimo e 2) o salário-mínimo é o piso de benefícios do INSS, quem contribui com o valor mínimo nunca terá o valor do benefício diluído – pelo contrário, só terá ganhos.

Ponto fraco: No atual modelo da previdência pública, o contribuinte não conta com nenhuma garantia de ganho acima do salário-mínimo, o que invalida qualquer estratégia de contribuir com mais que o valor mínimo.

Pontos de atenção: O ideal é contribuir apenas com o desconto mínimo obrigatório de 11% sobre um salário-mínimo, para garantir o benefício de um salário-mínimo por tempo de contribuição, bem como todos os outros benefícios do INSS. Para complementar o valor restante de sua renda, é recomendável utilizar outros planos.

Estratégia nº 3
DESAPOSENTAÇÃO

Quem já é aposentado tem o direito de solicitar, na Justiça (e não através do INSS), o cancelamento de sua aposentadoria visando à concessão de uma outra mais vantajosa. Na prática, isso significa que, ao renunciar ao primeiro benefício, o segurado terá computado na segunda aposentadoria todas as contribuições realizadas após a primeira. Ou seja, o período trabalhado com novas contribuições para a previdência social servirá para melhorar o valor da aposentadoria.

Isso acontece quando o segurado se aposenta e volta a trabalhar para complementar sua renda, passando, assim, a contribuir novamente para o INSS. Portanto, quem se aposentou e continuou trabalhando pode tentar aumentar seu benefício. Para conseguir isso, é preciso provar na Justiça que irá obter uma situação mais vantajosa. Trata-se de um processo diferente do necessário para se fazer pedido de recálculo da renda mensal, que deve ser solicitado diretamente ao INSS.

As situações em que normalmente se pleiteia a desaposentação são:

- quando o segurado é aposentado no setor privado e entra para o setor público através de concurso, na intenção de adquirir a aposentadoria integral;
- quando o segurado tem a aposentadoria proporcional, obtida quando o contribuinte ainda não atingiu o tempo mínimo de contribuição para aposentadoria integral, e quer renunciar a ela para conseguir a aposentadoria integral;
- quando o segurado quer passar de aposentadoria por idade para aposentadoria por tempo de contribuição.

Ponto fraco: A desaposentação é uma espécie de carta na manga para quem constata que sua aposentadoria não será tão boa quanto imaginava. Porém, deve-se levar em consideração que, para aproveitar esse preceito jurídico, será preciso estender os anos de trabalho no setor privado ou passar a se dedicar à carreira pública. Você precisa de preparo prévio para os dois tipos de situação, seja zelando pela sua saúde e pela atualização do seu currículo para manter-se na ativa, seja estudando para concursos públicos.

Pontos de atenção: Não espere a desaposentação ser uma necessidade em sua vida. Antecipe-se aos fatos. Caso esteja próximo de se aposentar ou já receba os benefícios, prefira se dedicar intensamente aos estudos para um concurso ou uma pós-graduação do que se submeter a um subemprego que não lhe seja gratificante. Use seu conhecimento de maneira inspiradora!

Estratégia nº 4
POUPAR MAIS

Para quem já considera os investimentos para o futuro parte da rotina, a recomendação geral de gerentes de banco, corretores de previdência e de valores e educadores financeiros é que reforcem suas reservas regulares para esse objetivo. A questão é matemática: com juros reais baixos, dificuldades para criar boas estratégias nos mercados de renda variável e cenário desfavorável para ganhos fáceis, é necessário fazer mais sacrifícios no presente para alcançar o patrimônio desejado no futuro.

Em primeiro lugar, é preciso pensar no saldo necessário em investimentos para se poder viver de saques perpétuos sem consumir o valor principal do patrimônio, ou seja, preservando a capacidade de gerar renda. Vamos supor que há algum tempo investimentos conservadores proporcionassem ganhos reais de 0,4% ao mês e que hoje proporcionem apenas 0,2%. Isso significa que, se antes um patrimônio de R$ 1 milhão lhe garantia um conforto mínimo desejável, hoje você precisa do dobro deste valor. É o dobro de esforço a se fazer para alcançar seus objetivos.

Perceba que estou refletindo sobre os rendimentos reais de seu investimento. Mesmo que os rendimentos da renda fixa não oscilem tanto, basta a inflação fugir um pouco ao controle para que o sutil equilíbrio do planejamento se perca. Se a taxa de juros estiver em 10% anuais e a inflação for de 7,5% ao ano, seu ganho real (isso sem considerar impostos) é de 2,5%, ou 0,2% ao mês. Mas, se a inflação subir para 8% ao ano, seu ganho real cai para 2% ao ano. Na prática, é uma perda de 20% ou um quinto do que você planeja para sua aposentadoria.

Ponto fraco: Poupar mais para garantir reservas maiores pode ser um esforço apenas ilusório se sua estratégia não conseguir blindar seus ganhos contra o risco de corrosão pela inflação. Não basta aumentar o esforço de poupança se você descuidar da qualidade de acumulação de seu patrimônio, ou seja, da estratégia de investimentos.

Pontos de atenção: Dedicar tempo a adquirir conhecimentos sobre investimentos pode proporcionar ganhos mais significativos do que simplesmente reduzir gastos e aumentar o esforço de poupança. Atente mais para os fatos econômicos do que para a matemática na hora de elaborar e acompanhar a evolução de seus planos.

Estratégia nº 5
POUPAR POR MAIS TEMPO

Quando, em 1994, perguntaram ao boxeador George Foreman se já não era hora de ele se aposentar do esporte, ele respondeu: "A questão não é com qual idade quero me aposentar, mas sim com qual renda." Aos 45 anos, Foreman voltava aos ringues 10 anos após ter anunciado sua primeira aposentadoria, e dias depois reconquistava o cinturão dos pesos pesados no boxe.

A necessidade fez com que o nome de Foreman fosse escrito com letras douradas no Hall da Fama do esporte. Porém trata-se aqui de um caso excepcional de um indivíduo cujas credenciais em sua profissão estavam muito acima da média de seus pares, e que soube dedicar tempo para se preparar para uma espécie de prorrogação em sua carreira, com o objetivo de constituir um patrimônio extra.

O esforço para compensar a perda de eficiência nos investimentos pode ser maior do que você imagina. Digamos que, ainda com base no exemplo anterior, seus rendimentos caiam de 0,4% para 0,2% ao mês, e que seu objetivo de poupança aumente de R$ 1 milhão para R$ 2 milhões. Se você não conseguir cortar mais gastos hoje e mantiver seu atual ritmo de poupança, suas metas ficarão mais distantes:

- Com rendimentos reais de 0,4% ao mês e poupando R$ 700,00 mensais, serão necessários 40 anos para alcançar o objetivo de R$ 1 milhão.
- Se os ganhos reais caírem para 0,2% ao mês e você continuar poupando os R$ 700,00 mensais, demorará 56 anos para formar um patrimônio de R$ 1 milhão, ou 79 anos para alcançar R$ 2 milhões.

Convenhamos, é um longo caminho. Como no caso da desaposentação, pouco adiantará você acreditar que conseguirá trabalhar por mais tempo se hoje viver sem qualidade de vida e sem cuidados com a saúde que façam dessa uma jornada mais longa e prazerosa.

Ponto fraco: Esse tempo adicional talvez não seja suficiente. E, se for, a falta de cuidados com os diversos aspectos da qualidade de vida pode transformar esse esforço a mais em um sacrifício excessivo, ou impedir que se aproveite a colheita do que será plantado.

Pontos de atenção: Cuide bem de sua saúde física e mental. Esticar a duração da carreira profissional e o esforço de poupança pode não ser um problema se sua vida estiver em equilíbrio.

Estratégia nº 6
COMEÇAR MAIS CEDO

Se um prazo maior de poupança nos permite alcançar condições melhores de aposentadoria, nada seria mais sensato do que iniciar o planejamento da aposentadoria desde cedo, nos primeiros passos da carreira profissional. Se cada um entendesse que todo dinheiro ganho com o trabalho ou com os negócios deve ter uma parte reservada para o futuro, provavelmente previdência e crédito não seriam temas tão preocupantes nas finanças das famílias.

No entanto, alcançar essa percepção não depende de reflexões lógicas, mas sim de fatores emocionais. Já é difícil convencer qualquer pessoa a abrir mão de algo que possa consumir no presente para poder consumir no futuro. Para os jovens o desafio é ainda maior. Nossa renda tende a ser crescente ao longo da carreira, e por isso cabe aos jovens a condição de maior restrição financeira. *"Como poupar, se os ganhos não são suficientes sequer para consumir as mais básicas das necessidades?"*

Um fator importante que influencia nossas escolhas é a recompensa que obtemos delas. Como os mais jovens priorizam recompensas imediatas, que advêm do prazer de se vestir bem, de frequentar baladas e do consumo em geral, nada é tão pouco recompensador quanto os magros ganhos obtidos pelos poucos investimentos que são capazes de fazer. Isso gera um desestímulo à poupança. Não bastasse terem que economizar, precisam fazê-lo mais intensamente para vencer certa inércia inicial: só com mais dinheiro poupado é que perceberiam um volume significativo de ganhos. Ou seja, para termos a sensação de que vale a pena poupar, no início de nossos planos devemos ampliar esse esforço.

Lembremos também que os mais jovens estão em busca de aceitação em seus grupos e na sociedade. Enquanto a construção da aposentadoria não for um objetivo comum a todos os jovens e não fizer parte de sua educação, esses planos sempre irão entrar em conflito com os interesses de grupos sociais, modas e tendências. Em sociedades latinas como a brasileira, a aparência conta muito, e ostentar bens da moda é sinônimo de status. Viver o presente, *carpe diem*, não é uma busca individual, mas uma pressão coletiva. Nesse contexto, criar uma nova cultura econômica é difícil, ainda mais quando se sabe que os sacrifícios só darão resultados dali a muitos anos.

Pontos fracos: A sedução do consumo não é uma fraqueza individual, e sim um vício social. Quem consome além de seus limites está, em geral, sendo estimulado pelo reconhecimento que esse consumo traz. Estimular o planejamento precoce para um equilíbrio econômico mais inteligente começa por uma discussão sobre o papel do consumo no presente. Enquanto o consumismo for um fenômeno social, a poupança precoce não será uma escolha unânime entre os mais jovens. Além disso, os poucos rendimentos obtidos com a pequena poupança viável para essa faixa etária oferecem um estímulo bastante inferior ao que qualquer ato de consumo acarreta. O início do processo de poupança é realmente difícil.

Pontos de atenção: A conscientização deve ser preferencialmente coletiva, envolvendo grupos e redes sociais. Os esforços para poupar surtirão efeitos melhores se, ao menos durante curtos períodos de tempo, os mais jovens conseguirem reservar parcelas maiores de seus ganhos, visando criar uma massa multiplicadora nos investimentos que garanta resultados visíveis desde cedo.

Estratégia nº 7
CONTAR COM PLANO DE PREVIDÊNCIA PATROCINADO OU CORPORATIVO

Nenhum produto financeiro criado para planejar a aposentadoria é tão eficiente na construção de patrimônio quanto os chamados planos patrocinados ou planos empresariais. Trata-se de planos de previdência exclusivos para colaboradores de determinadas empresas e contam com diferenciais que não podem ser encontrados nos planos de previdência privada oferecidos por bancos e seguradoras.

Esse tipo de plano não cobra taxas de carregamento – a mordida que os planos de previdência dão no momento em que fazemos cada aplicação –, e a taxa de administração, quando cobrada, é irrisória em comparação com as taxas típicas de PGBLs e VGBLs. Além disso, normalmente as empresas oferecem uma contrapartida para cada real aplicado por seu colaborador – em geral, R$ 1,00 para cada R$ 1,00 que aplicamos –, daí os planos serem chamados de patrocinados. Na prática, isso significa um rendimento imediato e sem risco de 100% sobre o aporte, além dos ganhos futuros que incidirão sobre todo o valor aplicado. Esse patrocínio é tão lucrativo que as empresas estabelecem um limite para a contrapartida, normalmente próximo de 5% do salário. Se você aplicar 5% de seu salário, será como se estivesse comprando um aumento de 5%, já que a empresa aplicará o mesmo valor em seu plano.

Planos patrocinados são vantajosos ainda que você queira aplicar um valor maior do que aquele que recebe a contrapartida, uma vez que seus custos são inferiores aos dos demais produtos de previdência e sua estratégia de investimentos é adequada a longo prazo.

Obviamente, não há almoço grátis nessa história. As empresas patrocinam seus planos de previdência com o objetivo de fidelizar seus colaboradores. Em geral, o beneficiário só terá direito a todo o recurso acumulado se permanecer como funcionário da empresa durante um tempo mínimo estabelecido no contrato do plano. Quanto menos tempo permanecer na empresa, maior será a perda de parte do valor aplicado por ela. E, via de regra, você só tem direito a sacar a contribuição da empresa e seus rendimentos no momento de sua aposentadoria.

Os fundos de pensão são semelhantes aos planos de previdência patrocinados, com a diferença de serem administrados por uma instituição própria e não por uma seguradora.[1]

Pontos fracos: As reservas formadas em planos patrocinados só podem ser sacadas no momento da aposentadoria – se o saque ocorre antes disso, o beneficiário perde a contrapartida da empresa. Portanto, não se pode contar com essas reservas para emergências. Além disso, os benefícios limitam-se à aposentadoria e, às vezes, à pensão dos dependentes. Benefícios como auxílio-doença, aposentadoria por invalidez e salário-maternidade são exclusivos do INSS.

Pontos de atenção: Por serem vantajosos, planos patrocinados devem ser contratados pela contribuição máxima quanto antes, assim que você é admitido na empresa. No entanto, como os benefícios integrais só podem ser sacados na aposentadoria e mediante solicitação do beneficiário, são frequentes os casos de pessoas que se esquecem de suas reservas feitas nesses planos, pelo fato de terem mudado de empresa há muitos anos. Guarde, portanto, a documentação completa do plano, incluindo regulamento, proposta e comprovantes de saldos. Na dúvida sobre regulamentos, consulte sempre a Susep ou a Previc. E lembre-se de que o resgate antecipado acarreta perda do valor – opte sempre pelo benefício na aposentadoria.

---

[1] Para dúvidas sobre planos de previdência (privada ou empresarial) administrados por seguradoras, recorra à Superintendência de Seguros Privados – Susep (www.susep.gov.br). Para fundos de pensão e outros planos, a entidade reguladora e fiscalizadora é a Superintendência Nacional de Previdência Complementar – Previc (www.previdencia.gov.br/previc).

Estratégia nº 8
CONTRATAR UM PLANO DE PREVIDÊNCIA PRIVADA OU INDIVIDUAL

A opção por um plano de previdência privada do tipo PGBL ou VGBL[1] é sempre feita por meio de um corretor de seguros (mesmo quando oferecida por seu gerente de banco). Em teoria, equivale à contratação de um pacote de serviços que inclui o gerenciamento de uma carteira de investimentos e o planejamento para formar patrimônio e minimizar o pagamento de impostos.

Na prática, são produtos que perdem uma parcela significativa de seu desempenho por conta das taxas elevadas cobradas do investidor, que raramente sabe identificar esses custos. Contratar um plano de previdência é um enorme desafio para a imensa maioria das pessoas, uma vez que ainda são escassos os corretores de seguros capacitados a orientar seus clientes de maneira isenta. Como são planos modelados para serem conduzidos por décadas, uma má escolha pode resultar em um patrimônio muito inferior ao que resultaria de um produto escolhido de maneira adequada. No momento da contratação,[2] você tem que decidir entre as seguintes variáveis:

- Investir em um PGBL, que permite abater o valor aplicado da renda tributável mas no resgate cobra impostos sobre o saque total, ou em um VGBL, que não permite abatimento mas tributa apenas os lucros?
- Adotar uma carteira conservadora, com crescimento consistente mas pouco significativo em termos reais, ou assumir o

---

[1] PGBL é Plano Gerador de Benefício Livre e VGBL é Vida Gerador de Benefício Livre.
[2] No livro *Investimentos inteligentes* (Ed. Sextante, 2013), apresento as estratégias que considero mais eficientes para a contratação de um plano de previdência privada.

risco de uma carteira arrojada, com altos e baixos nos ganhos e confiando nos acertos do gestor do plano?
- Adotar a tributação regressiva, cuja alíquota de imposto de renda decresce com o prazo de aplicação, ou a tributação progressiva, que trata os saques como renda sujeita à tabela do imposto de renda mas permite restituir até 100% dos impostos no ano seguinte ao do saque?
- No futuro, a ideia é sacar o valor total ou apenas os valores mensais para complementar a renda da aposentadoria? (A resposta a essa pergunta ajuda a decidir qual o regime ideal de tributação – progressiva ou regressiva.)

Em geral, na contratação do plano sugere-se que o beneficiário opte por um mecanismo automático de contribuição, como débito em conta-corrente ou boleto, o que fortalece a disciplina na construção do patrimônio. As reservas feitas são individuais, ou seja, a cada aplicação o beneficiário adquire cotas de um fundo de previdência que investe em títulos públicos e ações (dependendo do perfil de risco do plano), e essas cotas são do beneficiário e de mais ninguém. Na prática, ele é dono de uma carteira de títulos e ações, e os rendimentos de seu plano dependerão do sucesso dessa carteira. A regulamentação e a fiscalização desses produtos também são feitas pela Previc e pela Susep, de acordo com a natureza do gestor do plano.

Para qualquer um dos tipos de plano e regime tributário, o pagamento de imposto de renda é feito somente no saque. Isso traz uma vantagem significativa em relação aos investimentos tradicionais, que exigem o recolhimento de tributos de tempos em tempos, já que todo imposto que deixa para ser recolhido depois continua se multiplicando como investimento, gerando resultados maiores.

Uma vantagem importante que deve ser destacada é o fato de planos do tipo VGBL funcionarem como um seguro de vida. Em caso

(continua)

(*continuação*)

de morte ou invalidez do beneficiário, os dependentes (que são relacionados no contrato do plano no momento da contratação ou mesmo depois) passam imediatamente a ter direito ao saldo acumulado. Esse saldo não entra em inventário nem é tributado como renda, o que permite dispensar a contratação de seguros de vida quando o saldo acumulado é significativo. Por esse motivo, VGBLs são muito usados em estratégias de sucessão patrimonial, para que herdeiros evitem pagar Imposto sobre Transmissão *Causa Mortis* e Doação (ITCMD) e honorários advocatícios e judiciais.

Pontos fracos: Como sua estratégia se baseia em uma carteira de investimentos, os planos de previdência estão sujeitos às consequências do achatamento de ganhos nos mercados financeiros – servem como complemento à renda, mas dificilmente serão suficientes. Más escolhas acumulam efeitos indesejáveis por muitos anos, e optar por um plano envolve diversas variáveis que exigem boa reflexão. As vantagens tributárias para aplicações de longo prazo impõem perdas para o investidor que precisa sacar um recurso emergencial no curto prazo, obrigando-o a ter também outras reservas de emergência. E planos de previdência privada não oferecem os benefícios típicos do INSS; servem apenas para a aposentadoria.

Pontos de atenção: Consulte sempre um corretor de seguros independente antes de contratar o plano oferecido pelo seu banco. Pesquise bem as taxas de carregamento e de administração, já que esses preços variam bastante no mercado. Há planos que não cobram taxa de carregamento, apenas uma taxa de saída para quem aplica por prazos mais curtos – o que é uma vantagem interessante. Caso você faça parte de alguma associação profissional ou cooperativa que ofereça planos para seus membros, não deixe de se informar sobre eles, pois são sempre mais vantajosos do que os produtos de varejo. Tenha reservas de emergência para não perder vantagens tributárias caso precise fazer saques fora de hora. Conserve toda a documentação de regulamentos e aplicações, para o caso de ter que contestar valores futuramente. E, se pretende investir por mais de cinco anos, considere a possibilidade de contratar um plano cuja carteira tenha pelo menos 20% dos recursos em renda variável/ações. É pouco provável que uma carteira conservadora supere uma carteira moderada ou agressiva no longo prazo.[3]

---

[3] Para entender o mecanismo que garante ganhos superiores aos das carteiras menos conservadoras de previdência, recomendo a leitura de meu livro *Investimentos inteligentes*.

Estratégia nº 9
INVESTIR COM MAIS RISCO

Se os investimentos conservadores são insuficientes para nos conduzir aos resultados esperados em nossos planos, é natural considerar a possibilidade de aumentar o grau de risco de nossa carteira de investimentos. Afinal, reza a teoria que quanto maior o risco assumido, maior será o retorno obtido, principalmente se a estratégia for mantida no longo prazo.

De fato, para quaisquer produtos que visem à acumulação para a aposentadoria, é recomendável assumir um perfil menos conservador e adotar um certo grau de risco. Porém engana-se quem acredita que na renda variável é garantido ganhar mais do que na renda fixa – assim como aquele que supõe que investimentos em renda variável sejam de fácil compreensão para qualquer ser humano.

Há pessoas que se sentem mais à vontade para se informar sobre certos mercados de investimento, ao passo que ficam perdidas em outros. Para fazer boas escolhas em mercados de renda variável, como ações, imóveis, mercadorias e commodities, é preciso saber pesquisar oportunidades. Para isso, deve-se ter conhecimento sobre o assunto. E só terá conhecimento quem estiver predisposto a aprender sobre o tema.

Por isso, muitas pessoas erram quando, em busca de resultados melhores para suas carteiras de investimento, começam a assumir riscos comprando ações, imóveis, moeda estrangeira e outras coisas sobre as quais não entendem muito bem. Mesmo que sejam bem orientadas, muitas vezes o pouco ganho a mais não compensa o que se perde de saúde com o estresse dos mercados voláteis.

Antes de assumir um risco maior para seus investimentos, é preciso praticar um pouco de autoconhecimento. Em primeiro lugar, deve-se avaliar seu perfil de risco (conservador, moderado ou arrojado), preenchendo qualquer um dos questionários para esse tipo de avaliação que são fornecidos por bancos, corretoras de valores e agentes de investimento. Uma vez ciente de seu perfil, é prudente experimentar os investimentos pessoalmente e com valores mais baixos – você pode começar com compras pequenas de ações e fundos imobiliários, ou experimentar negociações de imóveis mais baratos. Algumas pessoas se sentem bem ao se envolver com os mercados, enquanto outras ficam confusas e desamparadas e precisarão contar com o suporte de especialistas para gerir sua carteira, administrar seus fundos ou escolher o plano de previdência mais adequado.

A melhor solução de investimento *sempre* será aquela que lhe deixar mais confortável, dentro do nível de risco adequado a seu perfil. Se o que o deixa tranquilo é um plano de previdência, esse é um produto melhor do que uma carteira de títulos e ações, mesmo que seu custo seja maior e, consequentemente, seu desempenho fique abaixo do de uma carteira bem administrada. O que você jamais deve fazer é gerir os próprios investimentos sem ter conhecimento ou tempo para isso. É como ultrapassar os limites de velocidade de uma rodovia para compensar um atraso. É quase certo que você sairá perdendo, seja por conta de um acidente, seja pelas multas que irá receber. Nos investimentos, as crises e os custos excessivos de investimentos mais complexos acabam sendo desprezados por iniciantes, e por isso o resultado final fica muitas vezes aquém do planejado.

(continua)

(continuação)

> 👎 **Pontos fracos:** Investir com eficiência e baixo custo em renda variável exige bastante tempo e conhecimento. Já investir em renda variável com segurança e tranquilidade custa caro e cria poucos diferenciais em relação à renda fixa. Na prática, boas escolhas com maior nível de risco conduzem a resultados melhores do que o conseguido por meio de investimento em renda fixa, mas é ilusório esperar ganhos significativamente superiores sem realizar um acompanhamento quase que diário aos mercados. Em qualquer mercado de risco, o ganho é proporcional à dedicação e ao envolvimento do investidor.

Pontos de atenção: De tempos em tempos, avalie seu perfil de investidor por meio de um questionário próprio para isso. Sempre invista uma parcela menor de suas reservas em renda variável, sobretudo quando o investimento for de longo prazo. Informe-se continuamente sobre os mercados em que você investe – quanto mais rentável é o mercado, mais rapidamente as oportunidades e o conhecimento se renovam. E conte sempre com uma significativa reserva em renda fixa: além de dar solidez a seu patrimônio, é dela que saem os recursos quando você identifica uma boa oportunidade na renda variável.

Estratégia nº 10
TRABALHAR PARA SEMPRE

"Gosto do que faço. Não penso em parar." Essa é a desculpa que muitos arranjam para negligenciar os cuidados necessários com o futuro. Provavelmente, é uma reflexão sincera, pois acredito que há muitas pessoas, tal como eu, que são apaixonadas por seu trabalho.

Mas não é à toa que existe o conceito de aposentadoria. Por mais que você goste de seu trabalho, em algum momento seu corpo vai pedir uma trégua. Você terá dois caminhos: gastar muito dinheiro com cuidados pessoais ou diminuir o ritmo de trabalho. Para gastar mais, terá que ganhar mais. Nessa fase da vida, você começa a competir com o conhecimento renovado e o custo menor da mão de obra mais jovem. Esse é o momento em que, ainda que você queira continuar a trabalhar, o mercado já não irá lhe pagar o preço que você considera justo. Mesmo que não desista do trabalho, o trabalho pode desistir de você.

Pode ser que sua saúde e sua disposição estejam muito acima da média, mas há outros motivos que nos incentivam a diminuir o ritmo de trabalho: amigos se aposentando, pais envelhecendo e dependendo de nosso apoio ou planos para fazer aquilo que sempre sonhamos (e que não esteja relacionado a trabalho).

Caso você seja empregado de uma empresa e, mesmo com os argumentos acima, não concorde com isso, espero conseguir fazê-lo mudar de opinião após a leitura do próximo capítulo.

Ponto fraco: Racionalmente, trabalhar até os últimos momentos de sua vida pode ser um argumento aceitável. Mas, emocionalmente, não o é. Mesmo que você queira continuar na ativa, há vários fatores que podem impedi-lo de fazer isso.

Pontos de atenção: Trabalhar para sempre por prazer até é uma atitude saudável e construtiva, mas desde que você esteja mental e financeiramente tranquilo para se afastar quando bem entender e precisar. Por isso, essa estratégia não deve ser encarada como a solução para sua aposentadoria, mas sim como uma consequência de um planejamento cuidadosamente elaborado.

Estratégia nº 11
CONSTRUIR UMA CARREIRA PARALELA

Para minimizar os riscos de saturação do mercado ou o esgotamento da carreira, detalhados na estratégia anterior, muitos profissionais se dedicam a iniciar uma atividade paralela ainda antes da aposentadoria. Dessa forma, têm uma carta na manga caso sua carreira principal comece a dar sinais de falta de opções.

Com essa ideia em mente, há quem se dedique a prestar serviços fora do horário de expediente ou nos fins de semana. Outros iniciam uma faculdade ou um curso profissionalizante em outra área de que gostam, apostando que o conhecimento novo, somado a sua experiência, pode servir de diferencial no mercado de trabalho.

Uma solução para a renda futura bastante comum entre profissionais liberais e muitos empregados com bom histórico educacional é se dedicar a uma carreira acadêmica, cursando um mestrado e/ou um doutorado. Um diploma de pós-graduação praticamente garante emprego como professor em instituições de nível superior, que é um trabalho com agenda flexível e relativamente mais tranquilo para quem tem muita experiência prática para somar à teoria.

Pontos fracos: Todos devemos ir atrás de novas experiências gratificantes. O risco, porém, é nos encantarmos com a novidade e tirarmos o foco da carreira principal quando estivermos no auge em termos de cargo e salário.

Pontos de atenção: Tocar duas atividades simultaneamente requer organização e disciplina para não ganharmos com a segunda atividade apenas aquilo que estamos perdendo da primeira, só que com o dobro de trabalho. E existe outro ponto importante a se considerar: a dedicação exigida para a construção de uma carreira paralela, se aplicada na construção de boas estratégias de investimento para o patrimônio acumulado, pode até render melhores frutos, como um patrimônio crescente em ritmo mais acelerado e uma agenda mais livre para desfrutar a vida após a aposentadoria da carreira principal.

Estratégia nº 12
CONTAR COM O SALDO NO FGTS

Trabalhadores que estão há anos no mesmo emprego experimentam uma falsa sensação de segurança por saberem que contam com uma reserva feita por seu empregador no Fundo de Garantia do Tempo de Serviço (FGTS) – uma poupança compulsória equivalente a 8% da remuneração mensal.

A segurança é apenas temporária, pois, mesmo que o desempregado possa sacar uma quantia polpuda com a qual não está acostumado, é um recurso que raramente é suficiente para manter sua família por mais do que alguns meses. Aparentemente, uma reserva de 8% da renda não é pouco dinheiro, mas, como o rendimento do saldo do FGTS é de aproximadamente metade do rendimento da poupança, toda a reserva feita pelo empregador cresce em ritmo inferior ao do aumento dos preços. Na prática, a inflação corrói a reserva feita nesse fundo, e o ganho sobre ganhos típico dos investimentos deixa de existir.

Essa perda econômica é atenuada quando existe a possibilidade de receber do empregador um valor extra de 40% do saldo acumulado no fundo, caso a demissão seja solicitada pela empresa e sem justa causa. Porém, como não é possível saber se você vai se enquadrar nesse caso, não inclua tal estratégia nos seus planos para a aposentadoria. Podemos considerar que as indenizações trabalhistas e o saldo no FGTS são no máximo amenizadores da falta de planos, ou uma contribuição adicional que pode ser consumida no processo de adaptação do trabalhador a uma nova situação em sua vida.

Pontos fracos: As regras de correção do saldo no FGTS fazem com que, no momento do saque, o valor real desse saldo seja inferior ao do que foi poupado. Além disso, não se pode garantir que a multa de 40% por demissão sem justa causa será recebida – um imprevisto pode causar uma demissão por justa causa ou o próprio funcionário pode precisar solicitar seu desligamento. E, sendo o saldo do FGTS bastante inferior ao que se acumularia se esse dinheiro fosse destinado para a Caderneta de Poupança, não é preciso fazer muitos cálculos para entender que o valor total não será significativo para manter uma família por mais que alguns poucos meses.

Pontos de atenção: Acompanhe ao menos uma vez por ano seu saldo no FGTS,[1] a fim de confirmar se seu empregador está de fato depositando os valores devidos. A maioria das causas trabalhistas na Justiça deve-se ao não recolhimento dessa obrigação social. Estude as regras de utilização de seu saldo e saque os valores sempre que possível, preferencialmente para fazer investimentos que lhe garantam um desempenho superior a 3% ao ano e que tenham liquidez – você pode precisar desse dinheiro em caso de perda do emprego. Uma das regras mais aproveitadas é o saque dos recursos para comprar, reformar ou abater saldos de financiamento e consórcio da casa própria. Evite sacar o saldo se, ao fazer isso, você ficar sem nenhuma reserva para emergências.

---

[1] Para saber seu saldo no FGTS, os lançamentos feitos pelo empregador e também sobre as regras para utilização e saque, acesse o site www.caixa.gov.br/fgts/index.asp.

Estratégia nº 13
CARTEIRA DE IMÓVEIS

No Brasil, muitas famílias têm sua riqueza baseada em propriedades imobiliárias, fruto, em geral, da obstinada dedicação de algum patriarca em identificar oportunidades e aplicar suas economias em imóveis que hoje geram renda a seus descendentes. Essa tradição tem se mantido e muita gente se esforça para segui-la.

O argumento de quem adota a estratégia de adquirir imóveis repete as máximas das gerações mais antigas: "Terra sempre terá valor", "Nas crises, ninguém deixará de morar sob um teto" ou então "Terras são recurso finito, por isso o valor só aumenta".

No entanto, não se deve esquecer que, no último século, o Brasil deixou de ser um país predominantemente rural e tornou-se urbano. Fazendas viraram cidades e toda terra comprada aumentou de valor. Hoje, há regiões com potencial de valorização e também outras em evidente processo de decadência. Há o risco de um imóvel comprado sem potencial de significativa valorização, diante da inflação, causar uma perda real na renda e no patrimônio.

O excesso de confiança nos imóveis e o ritmo lento de transformações nesse mercado podem fazer com que um investidor demore a reconhecer que fez um mau negócio. Quando se dá conta, percebe que já não consegue vender seu bem ou que não está fácil conseguir novos inquilinos, ou que o inquilino atual não paga o aluguel nem pagará mais, e o proprietário terá que arcar com todos os custos processuais para não perder o imóvel. Sem acompanhamento contínuo, o resultado de uma carteira de imóveis é o mesmo de qualquer carteira de renda variável administrada sem conhecimento: perda certa.

Pontos fracos: Bons negócios com imóveis no passado não são garantia de ganhos futuros. Mesmo propriedades tradicionais e que geram renda para a família há décadas correm o risco de entrar em decadência. Aliás, quanto mais antigas, maior o risco de isso acontecer ou até de desapropriação. Uma carteira sem a devida atualização pode ter aluguéis não corrigidos pela inflação, propriedades cujo valor de venda perde da inflação e também custos e dificuldades crescentes para cobri-los. Não raro, carteiras que garantem renda familiar passam a ser vendidas para compensar a renda que deixaram de oferecer, e em poucos anos são exauridas.

Pontos de atenção: Imóveis são apenas mais um tipo de renda variável. Exigem dedicação contínua e crescente a pesquisa de mercado, gerenciamento cuidadoso de aluguéis, tributos e manutenção, e mudanças de estratégia quando fatos novos alteram perspectivas de valor. Quanto maior a carteira, mais a administração dela deve se aproximar da de uma pequena empresa. Por isso, profissionalize-se à medida que sua carteira crescer.

Estratégia nº 14
NEGÓCIO DE FAMÍLIA

Poucas estratégias trazem tanta sensação de segurança financeira quanto a possibilidade de contar com um negócio próprio após o desligamento da carreira. Essa estratégia é, inclusive, um dos principais caminhos para aposentadorias precoces, juntamente com a aposentadoria do serviço público.

Abrir um negócio não é uma tarefa simples, mas há diversas receitas para isso (como adquirir uma franquia ou contratar uma empresa encubadora de novos negócios e ideias). Não se pode subestimar a necessidade de grande conhecimento em administração e práticas empreendedoras, mas para adquirir esse know-how já existem iniciativas específicas, que serão tratadas adiante neste livro.

Situação um pouco mais cômoda é a daqueles que fazem parte de uma família que já tem um negócio próprio, o que faz desse empreendimento uma futura herança e fonte quase garantida de renda. Nesse caso, o risco está na possibilidade de acomodação do herdeiro, que acredita não precisar ir atrás de informações e soluções para assumir e manter o negócio familiar.

Pontos fracos: Ter um negócio próprio é a forma mais arriscada de aplicar suas reservas. Riscos não devem ser evitados, e sim administrados, mas para administrar bem é preciso adquirir conhecimento. Por isso, a estratégia que exige maior preparação prévia dentre todas as aqui citadas é a possibilidade de assumir a condução de uma empresa. Qualquer tipo de negócio é falível: seres humanos erram, concorrentes podem tomar seu mercado, as regras de mercado ou a legislação podem mudar, e o que é um bom negócio hoje pode não ser amanhã.

Pontos de atenção: Invista tempo e recursos para adquirir conhecimento, mesmo que sua família já tenha um negócio em andamento. Não conte apenas com essa empresa como solução para suas necessidades de renda. O investimento em renda variável – negócios próprios estão nessa categoria – pede diversificação. Por isso, se você já tem uma fonte de renda para o futuro, trate de criar outras. E, se não tem experiência administrativa, evite entrar no negócio familiar logo de cara. Tente antes trabalhar por algum tempo para possíveis clientes, concorrentes ou fornecedores, a fim de se preparar melhor antes de assumir sua posição de empreendedor.

Estratégia nº 15
CONTAR COM UMA HERANÇA

Se sua família é abastada, parabéns! Isso deve ter lhe garantido um conforto acima da média, e provavelmente experiências de vida e condições educacionais privilegiadas. E só. A herança de seus pais não deve ser tratada como um patrimônio seu.

A razão é simples: essa riqueza pode não chegar a você. Inúmeras possibilidades que não estão sob seu controle podem consumir a maior parte do patrimônio nos últimos anos de vida de seus pais. Doenças e tratamentos caros, processos na Justiça, problemas financeiros em negócios familiares, demora na finalização do processo de inventário e descoberta de compromissos fiscais em atraso são causas comuns de perda de grandes fortunas em pouco tempo.

Obviamente, devem ser tomados todos os cuidados para se preservar o patrimônio e garantir um processo de sucessão com a menor perda possível, mas, repito, isso está nas mãos dos detentores do patrimônio, e não nas de seus herdeiros. Caso imprevistos não aconteçam, a chegada de uma herança será a oportunidade de amenizar algum sofrimento e fazer ajustes em possíveis falhas de seu plano.

Pontos fracos: O sucesso da estratégia não depende de suas escolhas ou de seus cuidados. E quanto maior o patrimônio esperado, maior é a expectativa – consequentemente, maior é a frustração diante de um possível revés.

Pontos de atenção: É mais prudente não contar com a herança, mas isso não significa que você não deva se preparar para a oportunidade de receber recursos que não estavam nos planos. Receber uma boa quantia e não ter nenhuma estratégia para ela é abrir uma brecha para escolhas ruins. Portanto, trate a possibilidade de herança como um Plano B: o que você fará se receber recursos no volume que imagina que seja sua herança? E se vier metade ou o dobro? Refletir sobre esses pontos faz com que, diante da situação de sofrimento que é perder um ente querido, você não se deixe levar pela emoção ao tomar decisões.

Estratégia nº 16
PRESTAR UM CONCURSO PÚBLICO

Ainda há quem acredite que ingressar na carreira pública por meio de concurso é o mesmo que garantir um futuro tranquilo e uma aposentadoria previsível. Supostamente, ao entrar para o rol dos servidores públicos, as pessoas adquirem um salário que só tende a aumentar e, ao se aposentar, garantem direito a renda vitalícia. Se você está entre os que acreditam nisso, talvez seja o caso de reler o capítulo anterior. Se a conta da previdência não está fechando, não se deve acreditar que privilégios serão mantidos ou que eventuais injustiças serão corrigidas para uma situação melhor.

Há tempos que os servidores públicos deixaram de ter parte importante dos privilégios de épocas atrás. A aposentadoria conseguida por aqueles que ingressaram nesse regime de trabalho até 2003 é integral, diferente da recebida por quem ingressou posteriormente, que tem teto igual ao do INSS, complementado por fundo de pensão. Hoje, ao se aposentar, os ex-servidores deixam de receber as gratificações e extras que foram incorporando ao salário ao longo da carreira. Além disso, sobre o salário dos servidores públicos também incide o fator previdenciário, que diminui o ordenado dos que se aposentam mais cedo.

Pontos fracos: Com a pressão sobre as contas do INSS, é provável que mais cortes aconteçam na aposentadoria dos servidores, ou que as idades mínimas para se aposentar se equiparem às dos demais trabalhadores. Some a essa desvantagem o fato de que a atividade pública em geral não se baseia na meritocracia, o que tende a tornar a carreira monótona, pouco instigante e sem o sentimento de recompensa que obtemos dos trabalhos mais desafiadores.

Pontos de atenção: Sim, você terá uma renda acima da média dos aposentados pelo regime CLT. Mas isso não quer dizer que será o bastante. Trate, portanto, de iniciar seu plano de previdência quanto antes, para reforçar suas condições financeiras. Prestar um concurso público não deve ser uma medida isolada, pois, como estratégia, é insuficiente.

Estratégia nº 17
CONTAR COM O CRÉDITO PARA COMPLETAR O ORÇAMENTO

Você levou uma vida honesta, sempre foi fiel a seu banco ou sua cooperativa, tem um histórico de crédito muito bom e conta com taxas de juros baixas nos empréstimos e financiamentos que estão à sua disposição. Por isso, sabe que poderá contar com recursos emergenciais caso aconteça algum imprevisto. *Afinal, o crédito está aí para ser usado, certo?*

Não, não devemos usar o crédito a torto e a direito. O ideal é contar apenas com o dinheiro que ganhamos com nosso trabalho ou com nossos investimentos.

O crédito vem se tornando um serviço mais acessível e barato, mas não se esqueça de que são as instituições financeiras que sempre saem lucrando com ele, e não o mutuário. Ele deve ser usado em duas situações: para financiar algo que nos ajude a gerar mais riqueza (educação, computador, veículo ou outras ferramentas de trabalho) ou para corrigir falhas no planejamento de longo prazo, desde que sejam empréstimos esporádicos e que o pagamento de juros compense a preservação de planos mais valiosos. Por exemplo, defendo que as pessoas tomem dinheiro emprestado quando algum imprevisto as impede de poupar para realizar grandes projetos – como a aposentadoria. Parece um contrassenso tomar emprestado para investir, mas, repito, quando isso é feito esporadicamente e com consciência dos juros que o investimento acarreta, estamos pagando o preço para dar continuidade a nossos grandes projetos.

Pontos fracos: Enquanto nossa estrutura financeira está em construção, é aceitável contar com pequenos socorros de tempos em tempos, mesmo porque muitos erros são cometidos por culpa da desatenção causada pelo excesso de trabalho – o mesmo excesso que resulta em horas extras e possíveis promoções para compensar o custo desse socorro financeiro. Mas, uma vez que a pessoa já está aposentada, nem a hora extra nem os aumentos de salário fazem parte de seus planos. Se algum custo surgir e não couber no orçamento, a situação só tenderá a piorar caso você recorra ao crédito. Afinal, trará mais uma despesa ao orçamento: os juros. Quem deixou de trabalhar só deve recorrer ao crédito em último caso ou após um detalhado planejamento para fazer a prestação caber no orçamento.

Pontos de atenção: Procure contar com o crédito apenas para situações em que você obtenha ganhos com o uso dele – por exemplo, criação de um pequeno negócio. Zele pelo seu nome, jamais o empreste a ninguém. Pesquise sempre as modalidades de crédito oferecidas por diferentes bancos e cooperativas, questione seu gerente para ter sempre as melhores condições e não hesite em trocar de instituição se a atual não lhe prestar o melhor serviço.

Estratégia nº 18
RECLAMAR E COBRAR DO GOVERNO

Você paga seus impostos, que não são poucos, e por isso espera que o governo o ampare nas questões de saúde e previdência, entre outras. Não pensa em fazer a própria poupança, mas em protestar e cobrar ao deputado que você elegeu que batalhe por mudanças nas regras e pelo aumento de benefícios. Afinal, o governo deve retribuir os impostos que pagamos.

Essa é a teoria. Funciona? Sim, na Alemanha. Devemos, de fato, brigar por nossos direitos, nos mobilizar e nos indignar com o desrespeito generalizado da classe política brasileira pelos direitos dos cidadãos. No entanto, se desde as origens deste país os interesses particulares dos governantes são privilegiados em detrimento dos do povo (a isso se dá o nome de corrupção), não creio ser sensato contar com uma mudança de rumo de uma hora para outra.

Devemos nos engajar e lutar por melhorias, mas não contar com elas. Nossas necessidades serão certas, mas a conquista, não. Ao mesmo tempo que temos que exigir nossos direitos, precisamos agir para garantir por nossa conta aquilo que o Estado não provê.

Pontos fracos: Acreditar que uma incoerência histórica seja mudada definitivamente ainda na nossa geração e, pior, depender de que isso aconteça para dar seguimento a alguns planos.

Pontos de atenção: Como dizia John Kennedy, ex-presidente dos Estados Unidos, "Não pergunte o que seu país pode fazer por você. Pergunte o que você pode fazer por seu país".

Estratégia nº 19
CONFIAR NA SORTE OU EM PROBABILIDADES

Todas as estratégias de investimento bem-sucedidas exigem uma boa organização pessoal, consciência das necessidades de longo prazo, esforço e disciplina. São qualidades das quais carecemos, principalmente por conta da cultura de oportunismo e imediatismo tão enraizada em nosso convívio social.

Some a essa cultura a falta de educação para o planejamento, e o que temos é a ampla maioria da população acreditando que a única maneira de alcançar uma mudança significativa em seu patamar de renda e patrimônio é através da sorte.

Isso pode ser constatado na popularidade das loterias entre os brasileiros, especialmente os de menor renda. As chances de ganhar o prêmio máximo da Mega-Sena, a principal loteria do Brasil, são de 1 em 50 milhões de tentativas. É mais provável morrer atingido por um raio ou pela queda de um elevador.[1] Mesmo assim, milhões de apostas são feitas todas as semanas por uma população que afirma não ter verba sequer para se alimentar de maneira saudável.

Fazer isso não é muito diferente de optar por caminhos ilícitos para sustentar a família, como traficar drogas ou praticar assaltos – na prática, um criminoso está apostando na probabilidade de não ser pego pelos instrumentos de combate ao crime. Nem do caso de um invasor de terras que, ao praticar a grilagem, aposta que conquistará na Justiça o direito de manter para si a posse de terras pelas quais não pagou.

---

[1] A probabilidade de uma pessoa ser atingida por um raio é de 1 em 1 milhão, ou seja, 50 vezes maior.

Não sou radicalmente contra apostas ou especulações, mas abomino a ideia quando o futuro de uma pessoa ou de uma família fica à mercê do acaso ou quando o sucesso é obtido sacrificando-se a idoneidade, a ética e o coletivismo. Raciocinando matematicamente, a probabilidade de você ter muito sucesso com essa estratégia é tão pequena que, caso você de fato consiga, sua felicidade estará diluída em anos de sofrimento, tensão e perda de saúde. Como diz a sabedoria popular, a loteria é uma espécie de imposto que incide somente sobre aqueles que são ruins de estatística.

Ponto fraco: A interpretação que se obtém das probabilidades de ganho ao contar com a sorte é: *você não terá sucesso*. Se tiver, será exceção à regra. Por que seguir uma receita cujo resultado esperado é o fracasso?

Pontos de atenção: Caso realmente acredite, por crenças pessoais ou desapego ao dinheiro que aposta, que a deusa Fortuna pode se lembrar de você, prefira apostar em loterias reembolsáveis, como títulos de capitalização. Esses produtos oferecidos por bancos não passam de loteria, mas, se tudo der errado (o que é muitíssimo provável), na pior das hipóteses você terá de volta o dinheiro investido. E aposte somente valores que não farão falta em seu orçamento.

Estratégia nº 20
LER UM LIVRO DE FINANÇAS PESSOAIS

Você pouco fez até agora, mas sabe que precisa tomar uma atitude. Pesquisou sobre o assunto e viu que as soluções que existem irão exigir muito esforço da sua parte. Não está disposto a isso, e encontrou um autor que costuma dar orientações financeiras reconhecidamente bem-sucedidas. Acha que encontrou uma receita pronta para começar a praticar agora, sem esforço e sem qualquer preocupação. Aqui acaba o sonho.

Por mais bem-intencionado que seja, nenhum autor ou livro irá mudar sua vida se, após a leitura, o conteúdo voltar para a prateleira e você retomar uma rotina que não inclui sua renda futura como prioridade.

Meu propósito ao reunir reflexões, críticas e soluções é trazer a você ideias que coloquem seus planos no rumo certo. Espero realmente que suas escolhas financeiras tenham menos erros e experimentalismo, que você evite caminhos errados e que descubra quanto antes uma trajetória vencedora. Mas esse resultado depende exclusivamente de sua ação, daquilo que irá realizar ao concluir a leitura de cada capítulo que vem pela frente. Por isso, tenha em mãos um bloco de notas para relacionar as tarefas que precisa colocar em prática daqui para a frente a fim de construir um plano de sucesso. E comprometa-se com essas tarefas!

Pontos fracos: Boas ideias não mudam o mundo. O que transforma é a coragem de agir. Não caia no risco de ser consumido pela rotina e pela falta de tempo e de deixar de agir após cada ideia que faça sentido para você. Um plano para o futuro não deve ser entendido como algo que possa ser pensado amanhã. Você está, provavelmente, atrasado, e qualquer iniciativa no sentido de suprir esse atraso é urgente.

Pontos de atenção: Comprometa-se por escrito com cada iniciativa que você acredita que deve ser colocada em prática; e verbalmente com as pessoas que podem ajudá-lo no processo e também com aquelas que, fazendo parte de sua rotina, podem consumir o tempo que você espera dedicar ao planejamento de seu futuro. Reúna aliados para não sucumbir ao excesso de estímulos que tendem a mantê-lo em sua zona de conforto.

Essas 20 estratégias provavelmente não esgotam a lista de soluções que costumam ser adotadas para a aposentadoria. Para ser objetivo, procurei não estender demais os exemplos, e talvez por isso você tenha sentido falta de mais explicações e críticas sobre criar uma carteira de imóveis para viver da renda de aluguel. Na prática, isso equivale a combinar a estratégia de investir com mais risco (a valorização dos imóveis não é garantida) e de criar um negócio de família (mais do que três imóveis já exigem um administrador, um bom controle dos impostos a se recolherem, atenção à rotatividade dos inquilinos, etc.), e várias outras estratégias não passam de variações ou combinações das que discuti aqui.

Você deve ter notado que procurei jogar contra cada uma das estratégias. Não quero pregar uma visão pessimista de futuro, até porque acredito na capacidade que temos de transformar nosso meio de maneira significativa. Mas procurei destacar em quais pontos cada estratégia costuma fracassar, para que você perceba que cada uma delas, isoladamente, traz um risco ao qual devemos atentar e sobre o qual devemos agir para anulá-lo. Enquanto trabalhamos, temos escolhas a fazer. Se estamos infelizes, podemos trocar de emprego. Se ganhamos pouco, podemos estudar para melhorar o currículo e pleitear uma promoção. Mas, uma vez planejada e conquistada a aposentadoria, nossa capacidade de mudar o rumo de nossas escolhas cai praticamente a zero.

O problema não está nas estratégias, mas são inerentes à aposentadoria em si. Por mais que adotemos caminhos diferentes para alcançá-la, o resultado é o mesmo: limitações nas escolhas e uma boa probabilidade de fracasso. Como você deve ter percebido, entre as várias estratégias que costumam ser adotadas, nenhuma é suficientemente sólida para nos conduzir aos objetivos que, na teoria, nos proporcionariam a tão desejada liberdade para fazer o que bem entendermos.

É por isso que, daqui em diante neste texto, defenderei a ideia de que o conceito de aposentadoria não é mais viável. Dificilmente acumularemos um grande patrimônio se não mudarmos a maneira de nos prepararmos para a terceira idade. Se nada for feito, pode ser que os aposentados de amanhã vivam com uma renda inferior à dos de hoje. Para que isso não aconteça, compartilho com você a estratégia que irá conduzir sua vida a um caminho de:

- renda sempre crescente;
- mais liberdade de escolha;
- maior valorização da vida e das oportunidades presentes;
- menor dependência das regras e leis que, de tão volúveis no Brasil, provocam angústia até entre os mais metódicos.

Vamos à nossa estratégia!

3

Como garantir renda e liberdade crescentes ao longo da vida

Não, a aposentadoria, da maneira que muitos pensam alcançá-la, não é mais viável. Nem sequer é interessante, pois, quando foi criada, no fim do século XIX na Alemanha, seu objetivo era o de prover idosos incapazes com alguma renda. Hoje, fazer planos para parar aos 65 ou antes talvez lhe traga tranquilidade financeira, mas a limitação de possibilidades profissionais pode condenar sua vida ao tédio.

Em 2005, meus investimentos atingiram a marca de R$ 1 milhão – valor que, na época, garantia minha independência financeira. Minha carteira de ativos me proporcionava ganhos reais (líquidos de impostos e descontando a inflação) de cerca de R$ 4.800,00 mensais, que era mais ou menos o meu custo de vida mensal naquele período. Teoricamente, eu poderia deixar de trabalhar, já que me tornara capaz de manter minha família sem depender do trabalho. Apesar de ainda jovem, com 31 anos, já poderia me considerar aposentado, uma vez que o trabalho não era mais uma necessidade.

No entanto, algo me dizia que deixar de trabalhar não seria uma boa ideia. Eu sentia que me faltava coragem para me en-

tregar ao ócio. Senti-me inseguro diante da possibilidade de me tornar um bon-vivant. Continuei trabalhando, já que ainda era jovem para me sentir esgotado por causa do que eu fazia.

Porém, a partir do momento em que me senti financeiramente independente, passei a ter mais coragem de dizer não para propostas profissionais que não me agradavam, aceitando somente aquelas que me motivavam ou despertavam certo fascínio. Dali em diante, passei a trabalhar com muito mais prazer e felicidade, pois eliminara de minha vida o trabalho por obrigação.

Fazendo só o que gostava de fazer, passei a me sentir mais motivado em minha carreira. Isso me fez trabalhar cada vez mais inspirado, melhorando meu desempenho e fazendo com que eu me destacasse dos demais. Quanto melhor eu me sentia, melhor trabalhava, mais reconhecimento tinha e mais eu aumentava minha renda. Parecia que meus planos tinham dado errado, pois eu me organizara para me aposentar cedo, mas hoje chego a trabalhar muito mais do que na época em que me tornei financeiramente independente.

Dentro das novas circunstâncias, porém, sinto-me livre para escolher o que fazer, e todos os dias acordo com a sensação de que iniciarei mais um dia repleto de atividades recompensadoras. Se trabalho, obtenho recursos que aumentam meu patrimônio e me proporcionam um acréscimo em minha renda perpétua. Se não trabalho porque quero aproveitar uma viagem ou dar atenção a meus filhos, não me sinto preocupado com o dinheiro que deixo de ganhar. Afinal, o que mantém minha família é o rendimento de nosso patrimônio, e não as horas de trabalho.

Uso aqui minha história pessoal, que me levou a conquistas bastante precoces, para refletir um pouco sobre o que você realmente busca ao planejar sua aposentadoria. O que muitas pessoas esperam não é a aposentadoria, mas *a liberdade de fazer o que lhes agrada sem terem que se preocupar com a obtenção de renda.* É dessa reflexão que nasce nosso projeto, que será construído daqui para a frente.

Agora quero destacar os aspectos principais que servirão de base para minhas orientações e reflexões. Todos nós procuramos:

- **liberdade:** ou seja, que o rumo de nossa vida esteja sob nosso controle, e não condicionado à manutenção de regras vigentes, de políticas de governo ou de condições macroeconômicas;
- **fazer o que nos dá prazer:** viver bem é desfrutar, mas é preciso saber o que desfrutar, para que esse viver bem valha a pena;
- **não nos preocupar com a obtenção de renda:** a renda é fruto do trabalho, e você só conseguirá fazê-la crescer continuamente se encontrar uma maneira de trabalhar que não entre em conflito com sua liberdade e seus interesses. O "não se preocupar", aqui, refere-se a eliminar de sua vida o temor de ter uma interrupção abrupta nos rendimentos que cobrem os gastos resultantes de suas escolhas.

Antes de mais nada, é preciso entender como e por que o dinheiro chega até suas mãos.

SEU PAPEL NO CAPITALISMO

Você sabe qual é seu papel no capitalismo? Aliás, sabe o que é capitalismo? Reflita um pouco sobre estes dois pensamentos:

Jamais um trabalhador irá receber exatamente o que vale seu trabalho, seu conhecimento e sua experiência. Se recebesse o valor justo, nada sobraria para quem lhe proporcionou o emprego. Consequentemente, não existiria emprego.

Quando um homem se aposenta e o tempo deixa de ser um assunto urgente, seus colegas geralmente presenteiam-no com um relógio.

R. C. Sherriff, escritor inglês

Lucros, mais-valia, poder, simbolismos... Vivemos em um país capitalista. Ou melhor, vivemos em um mundo capitalista, já que os países que não seguem esse regime econômico estão à margem das trocas econômicas, culturais, turísticas e educacionais. No último meio século, vimos um mundo outrora dividido em dois regimes econômicos diferentes se transformar praticamente num só. Até a China, país de regime comunista, caminha para se tornar a primeira potência econômica do mundo após aderir ao chamado socialismo de mercado, que nada mais é do que o capitalismo.

Não fosse um regime econômico positivo para os países, não teria havido tamanha convergência. Porém, se analisamos cuidadosamente o que é o capitalismo, a primeira impressão que temos é a de que não seria tão positivo assim.

Afinal, o capitalismo é um regime em que *pessoas que possuem capital* – riqueza, patrimônio acumulado – *colocam-no para render e convidam aquelas que não o têm* – os chamados trabalhadores – *para que estas ajudem a multiplicar sua riqueza*. Em essência, é isso. O emprego nada mais é do que um contrato que estabelece uma espécie de retribuição, chamada de salário, para aqueles que aceitam dedicar seu tempo, seu suor, seu conhecimento, sua experiência e sua rede de relacionamentos à causa do empregador: fazer o melhor possível para deixá-lo mais rico.

Se você discorda, pense bem:

- Se não trabalhassem, as pessoas poderiam usar sua capacidade para plantar o próprio alimento e construir ou trocar bens que fossem de sua necessidade, como roupas e moradia. O que a vida moderna fez foi apenas padronizar e dar escala

a tudo isso, substituindo as trocas de coisas pela troca por dinheiro.
- A missão diária do trabalhador não é construir a própria riqueza, mas fazer o máximo para aumentar a de seu patrão. É só refletir sobre o tipo de funcionário que cresce mais rapidamente na carreira: não é aquele que trabalha o mínimo necessário para ganhar o máximo de salário, mas aquele que está mais atento e contribui mais para cortar custos e aumentar o faturamento da empresa para a qual trabalha. Este é rapidamente considerado um colaborador diferenciado e alçado a posições mais relevantes e mais bem-remuneradas.
- Aos donos do capital, só há vantagem em criar negócios e gerar empregos se houver crescimento de sua riqueza, afinal eles estão assumindo riscos sobre o patrimônio que acumularam.
- Só haverá aumento de riqueza dos donos do capital se aqueles que trabalham em sua empresa forem competentes para criar excedentes entre os recursos que entram e os recursos que saem da operação desse negócio.

Dessa reflexão, podemos inferir inicialmente que o capitalismo é um regime que prega a desigualdade, já que o número de trabalhadores em qualquer país é muito maior do que o daqueles que possuem capital. Se a maioria trabalha para enriquecer a minoria, a tendência é que os ricos fiquem cada vez mais ricos e que os pobres fiquem cada vez mais pobres, certo?

ERRADO! Muito pelo contrário. Se as oportunidades forem iguais, principalmente no âmbito educacional, o capitalismo será o mais justo e próspero dos regimes. Afinal, se a todos os trabalhadores forem dadas as mesmas oportunidades de adquirir conhecimento em um ambiente democrático, ninguém poderá impedir nenhum trabalhador de ir reservando – do muito ou pouco que ele ganha – uma parte para o futuro. Ao investir para que essa reserva se multiplique, esse trabalhador chegará num ponto em que poderá sentir:

- que sua carreira profissional já não lhe agrega realizações como antes;
- que as oportunidades que surgem não lhe provocam a mesma gana pelo trabalho;
- que os mais jovens e com conhecimento renovado custam menos e representam forte ameaça à sua posição de trabalho;
- que o mercado de trabalho já não tem mais interesse em sua experiência e seu modo de trabalhar.

A essa altura, tendo esse trabalhador capital acumulado, ninguém poderá impedi-lo de chegar à seguinte conclusão:

Cansei de trabalhar. Vou sacar meu capital, colocá-lo para trabalhar e convidar quem não tem capital para ajudar a multiplicá-lo.

Em outras palavras, essa é a conclusão a que chegam muitas famílias quando deixam de obter do trabalho a realização ou a renda que consideram justa: *por que não abrir um negócio próprio?*

Chamamos essa incrível possibilidade de as pessoas passarem do lado trabalho para o lado capital de *capitalismo democrático* – existente apenas em países verdadeiramente democráticos. É por isso que lutar pela preservação da democracia, sempre ameaçada no Brasil, é tão ou mais importante do que pedir mais ações do Estado. Enquanto o governo não corresponde a nossas expectativas, podemos manter nossa condição de vida ou construir nosso futuro, desde que democraticamente não sejamos impedidos disso.

Nos Estados Unidos, por exemplo, há tempos que pessoas em idade de se aposentar estão abrindo empresas, geralmente franquias de marcas já estabelecidas. O fenômeno das startups[1] não é uma exclusividade de jovens empreendedores. No Brasil, as mulhe-

---
[1] Termo usado para designar empresas que estão em fase embrionária de sua atividade, testando sua aceitação no mercado.

res têm sido classificadas entre as mais empreendedoras do mundo. A quantidade de pessoas que atuam como cabeleireiras, manicures, faxineiras e doceiras é enorme e sem igual no mundo. Muitas dessas atividades, que alguns insistem equivocadamente em qualificar como sendo de baixo nível, podem ganhar dimensões bem interessantes se as trabalhadoras contarem com reservas financeiras para investir em equipamento e expansão.

Com esse entendimento, procuro derrubar a primeira impressão negativa de que o capitalismo é um sistema que cria desigualdades. Ao contrário, se todos forem bem educados para o trabalho, saberão criar um caminho de renda crescente em sua carreira profissional. Da mesma forma, se todos tiverem acesso à educação financeira, terão consciência do que deve ser feito de modo a passar para o lado mais interessante do capitalismo.

Devemos ter consciência de que, quando somos parte da mão de obra, nosso tempo não está sendo usado para criar riquezas para nossa família. Pense bem, você trabalha para quem? Por que foi contratado? Como empregados, nosso tempo é usado para criar riquezas para quem nos dá a oportunidade do emprego, e enquanto fazemos isso somos remunerados – melhor seria dizer *indenizados* – por ceder nossa capacidade aos objetivos de terceiros, até que criemos as condições de não precisar mais fazer isso.

O trabalho talvez dignifique o homem; mas quem prospera mesmo com ele é o empregador. Nesse jogo, a vantagem para o trabalhador é a construção, ao longo da vida, de uma condição honesta de independência e liberdade. Nessa transição do lado trabalho para o lado capital, o ideal seria abandonar a ideia de aposentadoria e pensar em adotar uma atitude empreendedora. *Afinal, você está pensando em desistir quando a melhor parte da festa estiver para começar?*

Quando as pessoas são educadas para empreender depois de sua etapa de aprendizado e acumulação de capital como empregadas, elas não só criam perspectivas bem mais interessantes para a riqueza e o consumo das famílias (afinal empreender é criar mecanismos para que seu patrimônio e sua renda cresçam), como também aliviam a atual pressão sobre os sistemas previdenciários públicos e patrocinados.

Qualquer país do mundo será um lugar bem melhor para se viver quando estiver disseminada, em sua população, a ideia de que os mais jovens (sem capital e com renda relativamente baixa) devem se preparar para trabalhar para os mais velhos e fazer o melhor possível para multiplicar as riquezas de seus empregadores até que chegue a sua vez de contratar outros jovens para multiplicar sua própria riqueza. O que falta para isso se tornar viável? Repito: educação e esclarecimento. Mas esse é, sem dúvida, um caminho viável.

Ressalva importante: o que é empreender

Quando sugiro o empreendedorismo como parte da solução para se ter mais liberdade de escolha e independência financeira, muitos retrucam que ter uma empresa é arriscado ou exige bastante conhecimento e dedicação, ou que simplesmente não têm talento para isso. De fato, essas são reflexões pertinentes e que não podem ser desprezadas, sobretudo por aqueles que são mais conservadores em seus investimentos ou que não levam jeito para liderar pessoas nem para lidar com a rotina burocrática e complexa de uma empresa.

Estudos comportamentais mostram que cerca de 15% a 20% dos indivíduos possuem um perfil adequado de liderança e capacidade para conseguir tocar um negócio próprio. É como em uma sala de aula: por melhor que seja o professor, sempre teremos aqueles 20% de alunos que serão mais eficientes nas disciplinas em que se saem melhor. A concorrência elevará o nível das provas, e sempre teremos os melhores alunos ofuscando o desempenho do restante. Mesmo que o empreendedorismo seja incluído como disciplina nas escolas, sempre teremos os 20% mais capazes minando a concorrência. Por isso, é insensato dizer que todos deveriam, em algum momento da vida, montar uma empresa.

Para quem dispõe de recursos, empreender abrindo um negócio é apenas uma dentre várias opções. Para que o capital se multiplique de maneira ativa – e não passivamente, como os tradicionais investimentos do mercado financeiro – é preciso ter uma atitude empreendedora. Ela pode ser colocada em prática de várias formas, e considero especialmente interessantes as seguintes:

Sócio capitalista. É possível colocar seu capital para trabalhar, por exemplo, sendo sócio capitalista (investidor) de uma empresa em que outra pessoa atue como empreendedor, em troca de receber parte dos resultados da operação ou de uma futura venda desse negócio. Apesar de essa estratégia não exigir participação do sócio capitalista, a atitude empreendedora é fundamental para você acompanhar a evolução dos números da empresa, participar de reuniões de conselho e estudar o mercado e a concorrência para identificar se seu negócio está ou não evoluindo no sentido de superar a concorrência. Mesmo para quem apenas aporta dinheiro em uma empresa, continua valendo a máxima de que é o olho do dono que engorda o gado.

Carteira de imóveis. Possuir um capital diversificado na forma de diversos imóveis para aluguel também é uma maneira de passar para o lado mais interessante do capitalismo. Afinal, ao fazer isso você coloca o seu capital para trabalhar, convidando quem não tem recursos suficientes para comprar um imóvel a usar parte da renda dele a fim de remunerar você pelo uso de sua propriedade. Aqui também vale a ideia dos mais jovens trabalhando para os que já acumularam, pois espera-se que, mais cedo ou mais tarde, todos tenham sua casa própria. Nesse caso, a atitude empreendedora está em diversificar seus investimentos em vários imóveis, estudar o mercado (seus inquilinos atuais e potenciais) para diminuir a taxa de vacância dos imóveis e avaliar se suas propriedades estão em processo de valorização ou se devem ser substituídas por outras em áreas de maior potencial. Além, obviamente, de organizar toda a contabilidade e todos os compromissos fiscais decorrentes dos ganhos com essa atividade. Na prática, é um negócio como qualquer outro, e, se tiver uma escala razoável, é melhor que seja feito através de uma pessoa jurídica, e não em seu próprio nome como pessoa física, para você pagar menos impostos.

Carteira de dividendos. Ter uma carteira de ações e fundos de investimento imobiliário não é muito diferente de ter uma carteira de imóveis. Na prática, é como entrar de sócio em projetos nos quais acreditamos. Porém muitos tratam esse tipo de carteira de ativos como um investimento passivo, daqueles que só precisam ser comprados e esquecidos enquanto o rendimento pinga na conta-corrente todos os meses. Por essa característica, é chamada de "investimento de aposentado" – e o próprio apelido já indica que há algo errado com a estratégia. Na prática, uma carteira pagadora de dividendos deixa pouca margem para aumento da renda ao longo do tempo. No máximo, consegue-se corrigir esses rendimentos pela inflação ou pouco acima disso (os lucros das empresas e seus dividendos tendem a acompanhar a inflação quando bem administrados). A atitude empreendedora para o detentor de uma carteira de dividendos é se envolver com os negócios responsáveis por seus rendimentos, participar de assembleias de acionistas e reuniões de condomínio dos investimentos imobiliários, estudar as análises dos investimentos e estar atento a possibilidades de comprar mais na baixa de preços ou de mudar a composição da carteira diante de novas oportunidades.

Participação em leilões. Quem participa de leilões, seja de obras de arte, seja de imóveis, automóveis ou de apreensões da Justiça, tem um único objetivo: comprar um bem por um valor menor que o de mercado. Frequentar leilões por si só já é uma maneira interessante de colocar seu patrimônio para trabalhar e criar uma renda em uma fase da vida em que você conta com mais tempo disponível. Porém, é possível incrementar seus ganhos se você adotar uma postura menos passiva e mais empreendedora ao frequentar leilões. Como? Incluindo em sua rotina a visita ao escritório/depósito do leiloeiro para avaliar antecipadamente os itens a serem leiloados, sua conservação e sua documentação. Além disso, é interessante formar parcerias com especialistas (advogados, corretores de imóveis, mecânicos, etc.) para que eles rotineiramente o acompanhem nas avaliações. Por parceria entenda a possibilidade de contratar um pacote de diárias de trabalho de modo que cada uma delas saia mais barata que uma consultoria avulsa, ou então a possibilidade de dividir resultados com esse especialista. No caso do mecânico, a parceria pode ser não só na avaliação, mas também no serviço de restauro de veículos comprados. Abra uma empresa – para diminuir a tributação sobre os lucros de revenda – e tenha uma visão empreendedora para fazer esse negócio crescer em escala, com boa organização das contas, uso do crédito para alavancar suas aquisições e contratação de pessoal para ajudá-lo a garimpar oportunidades e a organizar a rotina do negócio. Já vi muitos ex-aposentados irem da condição de curiosos por leilões a especialistas em negociação em determinado mercado ou produto.

Atuação consultiva ou prestação de serviços. Usar seu conhecimento e sua experiência para prestar consultoria a ex-clientes ou ex-empregadores ou ainda lecionar é uma forma gratificante de reforçar a renda familiar. Há quem faça planos com anos de antecedência para prestar serviços depois da aposentadoria, assim como há quem seja convocado para uma oportunidade assim que se aposenta. Em geral, uma experiência sólida traz muita segurança para desempenhar serviços relacionados à sua área de especialização, e atenção: é um equívoco tratar esse tipo de serviço como um bico. Por mais que não se esperem desdobramentos de uma primeira oportunidade de aula ou consultoria, é preciso adotar aqui também a atitude empreendedora. Você deve conferir uma imagem profissional ao serviço, apresentando cronogramas detalhados, uma proposta elaborada com profissionalismo e correção, cartões de visita, e até providenciando a eventual contratação de uma secretária, de um assessor ou de um estagiário, para que você tenha mais produtividade no serviço prestado e agregue mais valor ao negócio de seu cliente. Esse cuidado pode fazer com que suas expectativas sejam superadas e você construa uma boa reputação no mercado.

Todas as sugestões relacionadas anteriormente são variações da ideia de empreender. Cabe a você escolher aquela com a qual tenha mais afinidade e que lhe proporcionará uma rotina mais agradável. Afinal, ao alcançar a fase empreendedora de sua vida, espero que já tenha deixado para trás o sacrifício como parte da rotina.

O caminho a ser seguido

O objetivo deste livro é apresentar uma estratégia viável para que você possa passar do papel de trabalhador assalariado para o de detentor de um capital capaz de gerar riquezas crescentes na vida. Se não há recursos financeiros, é preciso trabalhar para obter renda. Só que o trabalho não nos é oferecido por generosidade do empregador. Consegue emprego aquele que demonstra possuir uma combinação de conhecimento e experiência capaz de contribuir para o aumento de valor do complexo investimento que é a empresa. Para jovens sem experiência, uma bagagem maior de conhecimento pode ser o diferencial – daí o incentivo para que se inscrevam em cursos extracurriculares e aprendam vários idiomas.

Nos negócios não é diferente. Se mesmo sem demonstrar qualquer experiência eu quiser adquirir uma franquia, terei que comprovar ter conhecimentos ou habilidades que, no mínimo, permitam-me um aprendizado mais ágil dos processos desse empreendimento.

O mesmo vale para o mundo dos investimentos. Frequentemente, vejo operações inovadoras nos mercados financeiros que são feitas por acadêmicos testando suas teses recém-publicadas, e não por *traders* experientes e atuantes no mercado.

Independentemente de quais sejam nossos planos em relação ao que queremos fazer para produzir a renda de que precisamos, uma coisa é certa: possuir conhecimento é um elemento diferenciador e que nos aproxima das oportunidades. E a maneira ou o método que escolhemos para nos educarmos ao longo da vida pode ser um diferencial para nos tornarmos pessoas ricas ou pessoas pobres.

No mundo dinâmico atual, as informações circulam com muita rapidez. As oportunidades se diluem quase que instantaneamente entre os mais antenados e que sabem filtrar o que é mais importante no imenso volume de dados que surge a cada instante. Por isso, as desigualdades econômicas estão cada vez mais associadas às desigualdades educacionais. Quem tem acesso a uma educação de qualidade adquire as melhores ferramentas para prosperar.

Hoje, todos entendem que as crianças devem ser formalmente educadas para, no mínimo, ter alguma chance de batalhar por um bom emprego. Sem educação, seu futuro está à mercê da sorte. No entanto, fico angustiado ao perceber as oportunidades desperdiçadas quando vejo que a maioria das pessoas simplesmente se conforma e se limita à educação formal de base, composta por escola, faculdade ou curso técnico e, no máximo, pós-graduação ou especialização.

Essa educação é uma preparação suficiente para o trabalho, mas a vida não se limita a trabalhar. Defendo a tese de que, se quisermos de fato criar a capacidade de gerar riquezas durante toda a nossa longa vida, precisamos adotar um novo padrão educacional. Ele pode ser dividido em três etapas:

- Etapa I: Educação para o trabalho
- Etapa II: Educação para empreender
- Etapa III: Educação para investir

Cada etapa se relaciona à seguinte, como uma evolução do conhecimento. Alterar a ordem do aprendizado, por exemplo, estudando sobre investimentos antes de empreender, não tornará seu enriquecimento inviável. Mas o processo de construção de riquezas fica mais eficiente se as etapas forem executadas nessa ordem. A educação empreendedora tem muito a aproveitar da experiência de trabalho, assim como a educação para investir é muito mais produtiva para quem já empreendeu. Todos já somos naturalmente educados para o trabalho, e é a partir do modelo adotado nos dias de hoje em nossa sociedade que iniciamos nosso plano. Explico a seguir as razões da sequência proposta e de que forma ela se traduz em um caminho certo para a prosperidade.

1) Educação para o trabalho

A maior preocupação de todo pai e de toda mãe é a saúde dos filhos. Em segundo lugar, vem a educação. Sem saúde, nada fazemos. Mas, sem educação, é quase como se não tivéssemos saúde, pois as portas não se abrem para nós e as escolhas ficam limitadas. Não é exagero afirmar que a imensa maioria dos pais quer que seus filhos tenham uma boa educação que lhes permita passar no vestibular de boas faculdades, para que com bons currículos escolares tenham a oportunidade de iniciar sua carreira em empresas sólidas.

Obviamente, a educação escolar vai além disso, incluindo o aprendizado e as reflexões para formar cidadãos e pessoas preparadas para a vida adulta. Mas, na prática, a sociedade ainda entende que para ter uma boa educação é preciso desenvolver capacidades para superar a concorrência nos primeiros passos da profissão. Esses valores são especialmente importantes em famílias de classe média que, com poupança reduzida e dificuldades financeiras na vida adulta, induzem os filhos a buscar num bom emprego uma história com final mais feliz que o da de seus pais.

O foco em educar mais para a vida, reforçando a capacidade de discernir e de fazer boas escolhas, contribui muito mais para a riqueza do futuro adulto do que a educação para competir em provas. Isso inclui mais profundidade em conhecimentos como filosofia, lógica, sociologia e interpretação e escrita de textos, e menor ênfase nas ciências puras como química e matemática. Um adulto capaz de resolver problemas estará mais apto a, por exemplo, empreender caso não consiga um emprego. E, se tiver a oportunidade do emprego, será mais pragmático na busca de soluções em sua função.

Há um ajuste, portanto, a ser perseguido na educação que a sociedade oferece aos jovens:

Quanto mais o adulto for preparado para pensar e resolver quaisquer tipos de problema, mais eficaz terá sido sua educação.

São muitas as questões difíceis que os jovens de hoje ainda irão enfrentar. Entre elas, as de efeitos mais duradouros certamente são aquelas ligadas à sustentabilidade do planeta e ao planejamento da evolução dos recursos financeiros pessoais ao longo da vida. Portanto, é preciso uma educação mais humana, mais voltada para os problemas da sociedade e menos preocupada com a competição em provas. A dificuldade maior na busca desse caminho está em saber avaliar até que ponto devemos abrir mão da competitividade para ganhar em qualidade.

De qualquer maneira, jamais poderemos descartar o importante papel da educação escolar, que, em suas diversas fases, é o meio para proporcionar às pessoas uma formação adequada para o trabalho.

Porém, como o trabalho não deve mais ser tratado como a única ou a principal forma de obter recursos na vida, precisamos ter em mente que as ferramentas que buscamos ao escolher nossos cursos de graduação, pós-graduação, técnicos, de especialização e de idiomas terão uso limitado. Devemos nos planejar e nos educar para trabalhar por um tempo menor do que o normalmente planejado, para que aos poucos passemos a nos dedicar a outros tipos de conhecimentos, menos relacionados à nossa principal atividade profissional.

Postura enriquecedora no trabalho. Lembre-se: com o que foi aprendido na escola e na universidade, você formou um currículo que, aos olhos do *empregador*, mostra nada mais do que suas capacidades de resolver os problemas *dele*. Seja curioso para identificar as necessidades do mercado de trabalho como um todo, dedique-se acima da média, trabalhe mais do que os outros e supere expectativas para, no prazo mais curto que puder, acelerar etapas de crescimento na carreira. Nenhuma fase na vida é tão limitadora para nossas escolhas quanto aquela em que ainda ganhamos pouco mas decidimos ser independentes de nossos pais. E não há outro caminho para evoluir na carreira: cresce mais quem gera mais resultados – vende mais, corta mais gastos, cativa e fideliza mais clientes. Seja um mestre nessas habilidades, ao mesmo tempo que zela para que esse ritmo não vire hábito e você se torne um viciado em trabalho (*workaholic*). Por mais que tenha consciência de ter que alcançar a próxima etapa empreendedora, aproveite ao máximo sua confortável posição de empregado para aprender sobre o mercado e entendê-lo. Quando sentir que está progredindo na carreira, será a hora de começar a plantar em ritmo mais moderado e começar a degustar as primeiras experiências da etapa seguinte.

2) Educação para empreender

Deste ponto em diante, estamos enterrando de vez a infrutífera expectativa de nos aposentarmos. É quando os frutos da educação para o trabalho começam a se multiplicar e a carreira parece entrar em uma espécie de voo de cruzeiro que devemos aproveitar o momento de colheita e começar a plantar em outra seara.

Não entenda errado: você não vai abandonar o jogo justamente quando ele estiver ficando divertido. Muito pelo contrário! Quando a situação está sob controle, ou seja, quando propostas de emprego começam a ser frequentes ou quando você percebe que não tem que torcer para ser aceito, mas são as empresas que torcem para que você aceite convites, é sinal de que não precisa mais se esforçar acima da média para superar expectativas. A reputação está criada, sua empregabilidade está forte e seu foco deve estar no equilíbrio de sua agenda e em mais qualidade de vida. Ainda é preciso renovar conhecimentos e continuar se atualizando, desde que também encontre tempo para aprender um pouco sobre a próxima etapa na construção de sua riqueza. É hora de começar a se educar para o empreendedorismo.

Isso pode ser feito por meio de visitas a feiras de franquias, cursos específicos para empreendedores[2] ou aproveitando a rede de relacionamentos que você construiu por meio de seu emprego para conversar e entender um pouco mais sobre a história dos negócios, seus êxitos e fracassos e para obter dicas que os empreendedores bem-sucedidos podem compartilhar. Também é possível ter algumas experiências empreendedoras em paralelo com a carreira, como montar um comércio digital, oferecer um serviço que falte à sua vizinhança, entrar em um negócio de marketing multinível, criar um blog e promover suas ideias e sua expertise em palestras e cursos, tal como realizar trabalhos voluntários, entre outras iniciativas. Some a essas sugestões a possibilidade de investir em imóveis, ações e leilões e serviços autônomos com atitude empreendedora.

Não há um caminho específico, um único caminho. A educação para empreender se faz pelo acúmulo de aprendizados e experiências que, aliados a uma boa dose de criatividade, podem levá-lo a iniciar uma atividade inovadora. Acima de tudo, com uma boa formação nesse sentido, você estará aumentando sua capacidade de entender os fatores de risco de um negócio próprio e como administrá-los para dar solidez a seus ganhos. Todos sabemos que abrir uma empresa

---

[2] Pela boa relação custo-benefício, recomendo cursos oferecidos pelo Sebrae, em especial o Empretec, um programa específico para formação de empreendedores. Mais informações em www.sebraemais.com.br/solucoes/empretec.

é um investimento do mais alto nível de risco. Mas correr um risco maior é o caminho para pessoas bem informadas obterem ganhos maiores. Cabe a você aprender, com treino, a domar esse risco.

Postura enriquecedora ao empreender. Milhares de pessoas iniciam um novo negócio todos os dias. Dessas, cerca de 48% se sentirão fracassadas dentro de três anos,[3] algumas por terem falido e a maioria simplesmente por ter jogado a toalha diante de ganhos insuficientes. O percentual é alto. Você por certo não quer ver os frutos de toda uma carreira escorrerem pelo ralo em pouco tempo, ficando obrigado a retornar ao mercado de trabalho. Para isso, deverá entender seu negócio como um investimento que precisa de reinvestimento contínuo, principalmente nos primeiros anos, além de seu conhecimento e de sua dedicação. Por melhor e mais sólida que seja a empresa, você terá que reter parte dos lucros na própria atividade. Oportunidades existem aos montes, boas ideias também, e por isso qualquer bom negócio que você iniciar poderá ser ameaçado pela concorrência. Caso você não reinvista parte dos lucros, algum outro empreendedor mais perspicaz pode imitar o seu negócio e ter em pouco tempo, com reinvestimentos, uma equipe mais bem treinada, um marketing mais eficiente, uma marca mais forte e uma série de diferenciais que farão a empresa dele crescer e engolir a sua. Se seu "negócio" for, por exemplo, uma carteira de ações, o risco é o mesmo. Seu conhecimento diferenciado pode se tornar rapidamente lugar-comum, e aqueles com saber renovado por meio da educação continuada estarão faturando alto enquanto o desempenho de sua carteira cairá para os níveis de ganhos da renda fixa. Empreender exige dedicação contínua e busca incessante por conhecimento e inovação. Escolha, portanto, empreender em uma área que lhe seja de fato prazerosa, porque até seu negócio estabilizar você precisará estar completamente envolvido nele. Na

---

[3] Fonte: Sebrae – www.sebrae.com.br

prática, trabalhando tanto ou mais do que antes, só que agora tendo a si mesmo como patrão.

3) Educação para investir

Da mesma maneira que se espera que a educação para o trabalho nos conduza a um nível em que estejamos no controle da carreira, com a atividade empreendedora acontece o mesmo. No começo, é preciso administrar muitas variáveis de risco, adquirir bastante conhecimento e aprender com os erros. Empreender é uma atividade complexa. Se fosse fácil, não geraria retorno, pois todos fariam igual e os lucros se diluiriam.

Com aprendizado contínuo, disciplina e organização, certamente chegará o momento em que seu conhecimento sobre o negócio – obtido tanto em sala de aula quanto com a mão na massa – será tão diferenciado que o esforço necessário para um concorrente alcançá-lo será grande a ponto de ele preferir respeitar seu nicho e procurar outro para ele. A experiência nos negócios funciona como uma barreira de entrada aos concorrentes, uma espécie de arrecife que garante águas calmas em sua praia.

Essa é a hora de, mais uma vez, reduzir (e não extinguir!) o ritmo do plantio e começar a comemorar a colheita. É aqui que você deverá refletir sobre o que construiu na vida, resgatar projetos antigos não realizados, começar a rascunhar planos para que os filhos e demais herdeiros deem continuidade a seu legado. É a hora, também, de começar a se dedicar mais profundamente ao aprendizado sobre seu papel de investidor, ao que chamo de *educação para investir*. Não que você não devesse ter estudado sobre investimentos até agora, mas, com o avançar da idade, é importante que tenha consciência da importância de garantir que seus negócios funcionem independentemente de sua capacidade ou de sua vontade de se envolver com eles.

A educação para investir envolve fazer cursos de formação de conselheiro, treinamentos em análise de balanços, participação em eventos de empresas familiares, discussão de estratégias de sucessão patrimonial com advogados e outras atividades que o capacitem tanto para selecionar alguém que assuma o comando dos negócios quanto para entender o que deve ser analisado e auditado para garantir que os negócios continuem no rumo certo. Seus negócios e suas carteiras de investimento devem ser organizados de forma a assegurar, com boas sobras, a renda necessária para suprir seu consumo e a realização de seus sonhos nos anos que lhe restam – e que ainda podem ser muitos!

A partir deste momento, quanto mais automático e direto na conta bancária for o recebimento de suas fontes de renda, melhor. Com o passar dos anos, você notará uma diminuição na agilidade e nas habilidades físicas e intelectuais. Educar-se para os investimentos envolve, portanto, criar mecanismos que garantam a preservação de seus interesses, como a realização de um testamento, a organização dos investimentos de forma a minimizar a tributação e a adoção de mecanismos de renda que não envolvam pessoas que podem ter interesses contrários aos seus.

Se seus planos forem executados em um ritmo adequado, como explicarei no capítulo seguinte, este será o momento de sua vida que mais se aproximará daquele antigo conceito de aposentadoria – você terá mais tempo livre para fazer o que bem entender, inclusive para se divertir na rotina de trabalho. Afirmo, por experiência própria, que poucas sensações são tão boas quanto a de trabalhar pela realização de sonhos, e não por necessidade de pagar contas.

Em resumo, as etapas de sua estratégia de construção de riqueza ao longo da vida devem ser:

- Estudar para o trabalho
- Pesquisar as necessidades do mercado
- Trabalhar para enriquecer terceiros
- Educar-se para empreender
- Acumular patrimônio
- Trocar o trabalho pelos negócios
- Reinvestir para diferenciar os negócios
- Educar-se para investir
- Desligar-se aos poucos dos negócios
- Administrar seu legado

São várias etapas, e muitas delas ainda estão longe de fazer parte dos planos da maioria das pessoas que você conhece. Certamente, será difícil encontrar por aí exemplos para você se inspirar nesse sentido. Estamos tratando aqui de mudar a maneira de pensar a aposentadoria, discutindo técnicas que, se já são praticadas por algumas pessoas, ainda não foram organizadas e disseminadas como um modelo. Este livro apresenta um jeito novo de lidar com dinheiro, por isso resolvi fazer do capítulo seguinte uma reunião de técnicas e um passo a passo para que esse modelo relativamente simples comece a funcionar em sua vida.

4
Transformando a teoria em prática

Para escrever sua história financeira de uma maneira diferente da que sabemos que não funcionará, é preciso adotar uma postura ativa em relação à forma de obter e de usar seu dinheiro ao longo da vida. Até agora, expus ideias que o convidam a buscar um caminho mais enriquecedor para suas escolhas, mas fazer algo diferente daquilo a que estamos acostumados resulta em consequências para as quais devemos nos preparar. Dentre minhas propostas de mudança de vida, estão as seguintes:

- Se você concorda em não se aposentar, deve criar condições físicas e mentais e um estilo de vida adequados a um prazo mais longo de trabalho e a uma atitude empreendedora.
- Se esse prazo na ativa é maior que o das pessoas que se aposentam mais cedo, seu trabalho deve ser menos desgastante e contar com um nível menor de estresse e de outras formas de comprometimento da saúde. Em outras palavras, você deve fazer de seu trabalho algo mais motivador, saudável e prazeroso.
- Se você espera trabalhar por menos tempo do que manda a tradição, deve obter mais resultados em sua carreira – entre

ganhos, benefícios e conhecimentos – do que a média dos profissionais.
- Se você quer que suas escolhas sejam mais independentes dos rumos que tradicionalmente as empresas dão à carreira de seus colaboradores, seus planos devem ser mais detalhados e independentes. Considere contar com a ajuda profissional de um coach.[1]
- Se você sabe que terá que se dedicar ao aprendizado durante toda a vida, os meios escolhidos para isso devem lhe ser agradáveis e em ritmo e volume que não o sobrecarreguem. Quando o assunto é educação, devagar e sempre é a regra.
- Se você sabe que a parte final de seu projeto de enriquecimento envolve tornar-se um investidor profissional, exercite, ao longo da vida, diferentes estratégias de investimento, mesmo que o tempo que dedique para se educar sobre o assunto seja irrisório. O que vale aqui é a aquisição de experiência, e não de rendimento – já que quanto menos conhecimento tiver sobre determinado mercado, menor deverá ser o valor investido.

Sua maneira de encarar o trabalho deve mudar. Sua rotina precisa ser diferente da daqueles que trabalham muito e desfrutam pouco por falta de tempo, e que depois se aposentarão e desfrutarão pouco por falta de dinheiro ou de saúde. É por essa razão que se costuma dizer que a aposentadoria mata mais do que o trabalho.

Não se aposentar significa abrir mão daquele período de descanso que, mesmo que inviável financeiramente, é esperado por todos. Mesmo que não vá acontecer, essa é uma muleta psicológica que ajuda a maioria das pessoas a suportar muitas das incoerências do mundo do trabalho. Como diz a famosa reflexão atribuída ao Dalai-

---

[1] Coach, ou profissional de coaching, é o especialista em guiar escolhas, análises e planejamento de carreira ou de vida mediante reuniões em que reflexões são feitas em parceria com o cliente.

-Lama, *as pessoas perdem a saúde correndo atrás de dinheiro, e depois perdem o dinheiro para reparar a saúde.*

Para não cair nesse círculo vicioso, você deveria, durante os anos de trabalho, pensar e agir um pouco como aposentado, aproveitando melhor seus momentos livres. Como ouvi dizer certa vez, se as pessoas se concentrassem nas coisas realmente importantes da vida, haveria escassez de varas de pescar. Da mesma forma, depois de deixar para trás sua carreira profissional, você deveria continuar pensando e agindo como se estivesse trabalhando, para preservar sua dignidade e manter ativa sua rede de relacionamentos. Ela continuará sendo importante na etapa empreendedora de sua vida.

O tão necessário equilíbrio

Todo mundo é capaz de fazer certo sacrifício para alcançar algo realmente importante ou melhorar alguma condição atual. Quando se trata de assegurar um aumento de renda, crescimento na carreira ou mesmo a garantia de uma riqueza consistente no futuro, faz-se necessário abrir mão de determinadas coisas. Seu desafio, porém, não é saber ponderar sobre o resultado de um sacrifício, mas sim sobre o seu custo.

Trabalhar mais horas do que seu colega talvez aumente em 50% suas chances de promoção, mas você sabe em que percentual aumenta o risco de infarto? Ou de ter um derrame? Ou de o casamento sofrer danos irreparáveis pela falta de atenção dada ao cônjuge?

Se poupar mais aumenta em 10% sua renda futura, você sabe em que proporção isso diminui sua motivação para o trabalho, seu nível de felicidade ou a segurança de sua família?

São perguntas difíceis de responder. Mas existem indícios que nos fazem perceber se estamos ou não perdendo o equilíbrio nessa verdadeira travessia sobre corda bamba que é ponderar entre realizações presentes e garantias futuras. Surpresas em seu check-up médico, reclamações frequentes de pessoas queridas, perda de momentos importantes da evolução de seus filhos ou dificuldades para manter o convívio com os amigos são sinais de problemas.

Alcançar o equilíbrio requer mais do que voltar à posição anterior. Quanto mais você pisar na bola com sua saúde e com as pessoas que esperam seu carinho e seu respeito, mais tempo precisará dedicar para reparar suas falhas e recuperar sua estabilidade. É como aquele impulso mais forte que você dá para o lado direito quando sente que está caindo para o lado esquerdo. Equilíbrio, portanto, é a regra número um para alcançar o sucesso em seu projeto de vida.

Medidas aceleradoras

Selecionei as estratégias que considero mais eficazes no sentido de antecipar ou garantir algumas etapas de seu plano de construção de riqueza. São elas:

Trabalhar mais. Há momentos na vida em que temos que pagar um preço para rompermos a barreira da mediocridade e deixarmos de ser considerados iguais àqueles com quem concorremos. No início da carreira isso é muito claro: recebemos pouco, somos muito cobrados e as atividades que realizamos são pouco valorizadas. Não resta outra forma de ter nossos diferenciais percebidos a não ser fazendo hora extra, cobrindo o colega que se ausentou, ajudando em funções que não são nossas e dando muito sangue e suor pela empresa. Essa estratégia é perigosa, pois raramente o reconhecimento pelo nosso esforço é imediato. Quando nos empenhamos tanto, estamos apostando em um reconhecimento futuro. O maior risco dessa medida está em fazer do sacrifício um hábito, e assim acabarmos viciados em trabalho. Não conheço um workaholic que não seja um desastre em termos de saúde ou de relacionamentos, ou de ambos. Para não perder o equilíbrio, você deve adotar uma postura de risco calculado ao assumir trabalhar mais. Estabeleça um prazo para se exceder em relação à sua função e comunique isso aos principais interessados. Avise na empresa que irá "dar um gás" nas pendências para fechar o trimestre em dia, diga aos familiares que está entrando em um período de esforço extra por pouco tempo e que conta com o apoio deles e crie um compromisso simbólico para marcar o término do processo – por exemplo, um fim de semana romântico com seu parceiro. Este é um belo exemplo de impulso para o lado contrário na metáfora da corda bamba.

Degustar investimentos. Investir com sabedoria exige um bom tempo de envolvimento e aprendizado, principalmente quando se trata de mercados de renda variável, como ações e imóveis. Mas, durante os primeiros anos de seu projeto de enriquecimento, sua dedicação de tempo deve estar voltada para o trabalho, para o aprimoramento profissional e para a educação para empreender. Isso significa que você deve ser ineficiente e conservador em seus investimentos? De forma alguma! Enquanto não puder dedicar mais horas do dia à sua carreira de investidor, siga recomendações de especialistas para ter uma carteira um pouco mais agressiva – ressalto o *um pouco mais* – e fazer pequenas experiências educativas nessa área. Por exemplo, planeje-se para assistir a um leilão, mesmo que não tenha recursos disponíveis ou não pense em investir. Invista algumas dezenas de reais em ações de uma empresa que você admire e passe a frequentar os encontros de acionistas. Ou frequente lançamentos imobiliários, passando-se por potencial comprador, apenas para entender melhor como funciona o mercado. O aprendizado nesse tipo de envolvimento é significativo, e às vezes vale mais do que dedicar mais tempo e dinheiro em cursos formais sobre o tema. Quando efetivamente possuir recursos para fazer investimentos mais complexos, essa experiência prática lhe dará maior segurança para negociar e encontrar oportunidades.

Exercitar seu dom. Todos temos alguma atividade em que somos muito bons. Talvez você dance bem, talvez tenha tino para a música ou para as artes plásticas. Mulheres são inigualáveis quando se trata de cuidados pessoais. Há quem seja bom em esportes, no raciocínio lógico, na escrita, no cuidado com os necessitados ou na política. Alguns fazem piadas como ninguém, ao passo que outros desenham com maestria. Há quem tenha um jeito único para fotografia, ao passo que outros são habilidosos com games ou com o volante de um carro. Pergunte a um tímido no que ele é bom, e você verá brotar uma autoconfiança que não é corriqueira. É importante que você saiba no que é bom, qual é o seu dom. Mais importante ainda é que você procure exercitá-lo sempre, pois ele pode lhe trazer tanto recompensas materiais quanto aquelas intangíveis, como o reconhecimento público de sua capacidade. Ter como hábito uma atividade prazerosa é especialmente enriquecedor quando ela nos faz usar o hemisfério do cérebro menos exigido no trabalho. Profissionais das artes e da publicidade deveriam dedicar algum tempo a games, jogos de lógica e organização da casa, assim como profissionais das áreas exatas deveriam praticar esportes e realizar atividades artísticas. Isso torna nosso cérebro mais ágil e criativo. No entanto, o ideal mesmo é se dedicar a algo do qual você goste muito. Com o passar do tempo e à medida que buscar o ganha-pão tem sua importância diminuída, nossos hobbies tendem a ocupar o importante espaço do trabalho na nossa rotina. Trabalhar nos faz bem porque nos leva a focar em algo a ser conquistado. Se seu objetivo é trabalhar menos, esse saudável sentido de conquista pode ser obtido através das práticas esportivas, das artes e da organização de atividades familiares. Se seu perfil for realmente empreendedor, é bastante provável que os negócios criados em sua fase empreendedora estejam diretamente ligados às atividades de que você gosta. Este é o melhor dos mundos: trabalhar por prazer (e não por necessidade) em uma área que lhe é apaixonante.

Experiências empreendedoras. Não é preciso possuir muito capital nem ter tempo livre para empreender. Se você esperar surgir em sua vida as condições ideais para instituir uma pessoa jurídica e fazer negócios, pode ser que nunca saia do lugar. Empreender é realizar sonhos, preferencialmente obtendo renda com isso. Uma maneira interessante de testar e treinar sua capacidade de empreender é organizar algum projeto ou uma atividade com a qual tenha grande afinidade (como expliquei no item anterior). Por exemplo, você pode liderar a organização de uma viagem de férias de um grupo de amigos. Ou mobilizar um grande grupo de pessoas em ações por uma causa de caráter social. Em um primeiro momento, o *fazer acontecer* não passa de uma experiência empreendedora. Com o tempo e se você tiver sucesso, pode nascer daí uma atividade formal, rentável ou de caráter não lucrativo (o que não significa que você não possa obter daí um salário como gestor) com a qual possa se sustentar em sua fase empreendedora. Mesmo que essa atividade não seja a maneira com a qual você sonha empreender após deixar de trabalhar, ter experiências desse tipo em paralelo com a carreira profissional será de grande utilidade.

Orçamento eficiente. Se o objetivo é criar um patrimônio a ser desenvolvido na segunda etapa e desfrutado na terceira etapa de nosso processo de construção de riqueza, reza o bom senso que não devemos gastar dinheiro com aquilo que não nos traz bem-estar. Por isso, todo e qualquer desperdício desse tipo deve ser analisado e trabalhado para deixar de existir em nossa vida. Somos diariamente bombardeados por inúmeros alertas para evitarmos o desperdício de energia, água e alimentos, sobre as maneiras mais rentáveis de apurar e pagar impostos, sobre técnicas para aproveitar liquidações e compras coletivas e também sobre como eliminar os supérfluos de nossa vida. Dar mais atenção às dicas de economia doméstica da mídia rende uma boa poupança no fim do mês. Mas é preciso tomar cuidado com o conceito de supérfluo, pois é comum que as pessoas preocupadas com isso cortem pequenos prazeres e recompensas cotidianas que muito agregam para nosso conforto e nossa estabilidade emocional. O ideal é ter um estilo de vida mais simples, economizando nas contas mais onerosas, de modo que não falte verba para uma variedade maior de consumo, que é o que você gostaria de ter no momento de reduzir o ritmo de trabalho. A esse conceito dou o nome de Qualidade de Consumo, ou seja, o padrão de consumo que realmente lhe traz uma sensação de bem-estar.

Concentrar esforços nos momentos de aumento de renda. Definitivamente, poupar não é algo prazeroso. Se, durante a leitura deste texto, você se conscientizou de que deveria ter poupado ou estar poupando mais, certamente não está se sentindo muito disposto a enfrentar um processo de redução em seus gastos. Se estiver, está respondendo apenas pelo hemisfério racional de seu cérebro, que terá que lutar contra o instinto de aproveitar o momento presente. Muitas pessoas abandonam bons projetos de acumulação de recursos quando, traídas pelo sentimento de que estavam aproveitando melhor a vida antes de começarem a poupar, passam a cometer erros em diversas escolhas e a lidar com imprevistos e sofrer acidentes que consomem a poupança. O ato de poupar não é, definitivamente, recompensador. Para resolver esse problema, sempre pratiquei em minha vida e sugeri a meus clientes que aproveitassem períodos de aumento na renda para acelerar seus esforços de formação de poupança. O motivo é simples: ao fazer isso, você está administrando o sentimento de *manter*, e não o de *perder*. Se você ganha R$ 1.000,00 e sua vida está bem mas você não poupa dinheiro, quando sua renda passar para R$ 2.000,00[2] você terá a oportunidade de manter o sustento com R$ 1.000,00 e passar a poupar os restantes R$ 1.000,00 por mês. Quando sua renda aumentar novamente, para R$ 3.000,00, você poderá adotar um padrão de vida de R$ 2.000,00 em gastos, e continuar poupando R$ 1.000,00. Variações dessa lógica dependem de seu projeto pessoal. Se, pelas contas, você só consegue poupar menos de R$ 1.000,00, ao receber

---

[2] Uso números redondos apenas para facilitar o entendimento. Você não precisa dobrar o salário para começar a poupar: esse raciocínio vale para qualquer tipo de aumento.

seu aumento você pode elevar um pouco seu padrão de consumo, mas passar a poupar mais também. Criar disciplina é mais fácil nessas condições. Obviamente, essa medida só tem sentido caso você saiba que receberá um aumento em breve – por isso, costuma funcionar melhor nos primeiros anos da carreira, entre os mais jovens.

Desfrutar mais ao longo da vida. Quando expliquei a medida do orçamento eficiente, chamei a atenção para a importância de não trocar o momento presente pelo futuro. Sua riqueza deve ser usufruída ao longo de toda a vida, e não apenas no futuro. O que vale para seu padrão de consumo vale também para a realização de sonhos. Uma vida com grandes sonhos realizados apenas no futuro é uma vida pobre, pois você tende a se habituar à privação, e não à celebração. Se não tiver uma vida feliz e de realizações, você não saberá aproveitar suas conquistas futuras. Recomendo que você adote como hábito estabelecer metas a serem alcançadas a curto, médio e longo prazos. Tire um tempo para pensar em objetivos que você e as pessoas com quem vive gostariam de alcançar. Estabeleçam prazos, façam sacrifícios proporcionais – maiores sacrifícios podem ser feitos durante períodos mais curtos. Quanto mais sonhos de curto prazo forem alcançados, mais motivação você terá para manter a disciplina para os sonhos de médio prazo. Da mesma forma, é a realização desse tipo de sonho que nos mantém motivados durante muitos anos para atingir objetivos de longo prazo.

Plano de previdência patrocinado ou similares. Talvez você esteja no início da carreira e não pense em ficar muito tempo na empresa. Pode ser que acredite que, por estar em uma fase de transição, não seja a hora de começar a poupar para projetos de prazo mais longo, como para a aposentadoria ou para empreender. Talvez você pense que assinar um papel que autorize a retenção de parte de sua renda na folha de pagamento com o objetivo de contribuir para um plano de previdência ou fundo de pensão seja excesso de intromissão do empregador em seu planejamento. Ou que o risco de investir em um plano desses através da empresa para a qual trabalha ou através da cooperativa da qual participa seja alto demais. Você certamente estará errado em relação a essas reflexões, exceto a primeira. Planos de previdência patrocinados, fundos de pensão e planos de previdência cooperativos são oportunidades que, quando não aproveitadas, costumam gerar arrependimentos no futuro. Por terem custos administrativos menores do que os de seus similares ofertados no varejo ao público em geral, os produtos corporativos e cooperativos tendem a oferecer rentabilidades significativamente superiores. No caso de planos patrocinados, a contrapartida depositada pela empresa em sua conta é um prêmio extremamente vantajoso para quem decidir ser um colaborador fiel dessa companhia por vários anos. Mesmo que você não pense nessa possibilidade, pode ser que venha a mudar de ideia. E, se não mudar, o que se perde é a contrapartida da empresa, ou parte dela, mas você fica com a rentabilidade acima da média do mercado sobre os valores aplicados. No caso de planos cooperativos, a eficiência na rentabilidade é integral, pois, mesmo que haja cobrança de taxas, se houver lucro na operação ele é dividido entre os cooperados. Como já explicado, o grande fator de ineficiência de um plano desse tipo é a imposição de poder ser resgatado apenas com a entrada na aposentadoria formal. Mas, como o montante continuará se multiplicando de maneira eficiente enquanto não for resgatado, é uma bela maneira de formar seu estoque emergencial de recursos para o futuro, com o benefício extra de ser à prova de erros que poderiam ser cometidos em investimentos tradicionais.

Carreira pública ou militar. Prestar um concurso público ou ingressar na carreira militar é uma opção de milhões de brasileiros, raramente motivados pela vocação, mas sobretudo pela suposta estabilidade na renda que essas carreiras trazem. De fato, é sedutor colocar seus conhecimentos e habilidades à prova para concorrer a um emprego do qual dificilmente seremos demitidos e através do qual teremos vencimentos sempre crescentes e em parte preservados na aposentadoria. Nesses casos, o conceito de aposentadoria não está exatamente extinto, mas apenas frágil. Porém, as mesmas condições que geram tranquilidade acabam por causar também certa acomodação e a perda de grandes oportunidades que estão por trás da atividade do serviço público ou militar. Contar com uma renda garantida na aposentadoria não significa que você terá o suficiente. É preciso poupar. Menos, mas é preciso. A tranquilidade de não ser demitido traz maior possibilidade de descanso, mas se parte desse tempo livre for aproveitada para adquirir mais conhecimentos, é possível tanto acelerar o crescimento na carreira quanto antecipar a preparação para um projeto empreendedor. Além disso, essas carreiras garantem acesso a fundos de pensão e cooperativas de crédito extremamente sólidos, o que assegura boas oportunidades de construir diferenciais para a aposentadoria. Em vez de significar tranquilidade, o ingresso na carreira pública ou militar deveria apenas significar a eliminação de algumas etapas em seu processo de construção de riqueza.

Trabalho flexível. Todas as estratégias anteriores exigem uma dedicação considerável para serem viáveis. Não importa se você quer estudar para um concurso público ou reestruturar sua vida e ter um consumo mais prazeroso e mais sonhos realizados; para mudar suas perspectivas para o futuro, será necessário encontrar em seu dia a dia algum tempo para se organizar. Se sua rotina se resume a trabalhar das oito às oito e perder mais uma ou duas horas no trânsito diariamente, é compreensível que queira descansar e dar atenção aos seus entes queridos nas horas livres. Nesses casos, as mudanças começam a acontecer nas madrugadas, nos fins de semana e feriados, quando seus colegas estão descansando e consolidando a velha receita que não funciona. O lazer acaba sendo sacrificado, e isso precisa ser dosado para não se transformar em hábito. No entanto determinadas carreiras permitem que se tenha uma agenda de trabalho flexível, principalmente as atividades autônomas e as profissões liberais. Se você é capaz de organizar sua agenda profissional conforme sua necessidade, parte de seu tempo livre pode ser aproveitada para o planejamento e para outras atividades que considera importantes. Muitas mulheres têm optado por trabalhos com jornadas flexíveis a fim de, por exemplo, conciliar o papel de mãe com sua profissão. Por isso, mesmo antes de iniciar uma carreira profissional e sem saber quanto e como ganhará dinheiro, ao escolher o curso universitário você já pode estar dando um passo importante para o planejamento da construção de riqueza ao longo da vida.

Grandes tacadas. Se você alcançar uma desafiadora meta de vendas, é possível que lhe paguem um bônus generoso no próximo semestre. Ou, se sua startup vingar, talvez surja um fundo de investidores disposto a lhe pagar alguns milhões para ser sócio no negócio. Você pode receber uma herança, ser sorteado no seguro premiado ou no título de capitalização, ou, quem sabe, achar um tesouro no terreno da casa antiga que comprou. Sonhar não custa nada, certo? O problema com essas hipóteses é que não passam de conjecturas com probabilidade bastante reduzida de acontecerem. Não há nada de errado em torcer pelos caprichos do acaso. O problema mesmo está em fazer dessas grandes tacadas a solução para todas as lacunas de seu planejamento financeiro. Com chances remotas de ocorrer, a probabilidade de frustração é alta, e as consequências da falta de um planejamento mais sensato e consistente se farão sentir. Por experiência própria, asseguro que grandes tacadas de sorte ou de sucesso dificilmente podem ser previstas e são raríssimos os casos em que não sejam fruto de bastante planejamento, perseverança e, sobretudo, da tranquilidade de não depender de que aconteçam para salvar sua pele. Sim, elas podem acontecer em sua vida – só não conte com isso.

Obstáculos à aplicação das estratégias aceleradoras

As estratégias listadas anteriormente não são fundamentais para o sucesso de seu plano. Elas servem apenas para eliminar ou encurtar algumas etapas. Você pode elaborar um projeto de construção de riqueza e liberdade que não inclua nenhuma dessas ações e, mesmo assim, se tomar os devidos cuidados com os investimentos, com os seguros e com sua empregabilidade, é bastante provável que tenha sucesso.

Porém, tanto para um planejamento convencional quanto para adotar as estratégias aceleradoras, você precisará de determinação e consciência dos passos necessários para avançar sem perder sua meta de vista. Imprevistos certamente irão acontecer e exigir adequações em seu plano, resgates não programados de investimentos, uso de crédito conveniente e cortes de despesas, entre outros, e é esse foco no objetivo que lhe dará a tranquilidade de moldar seu projeto e retomar o processo com os menores ajustes e atrasos possíveis.

Minhas recomendações incluem planejamento, estudos, análise dos mercados e períodos para simplesmente curtir a vida. Por isso você terá muito a aproveitar de leituras e cursos sobre gestão de seu tempo pessoal. Em meu livro *Mais tempo mais dinheiro*,[3] escrito em parceria com Christian Barbosa, comprovamos que pessoas com uma agenda organizada conseguem incluir mais atividades em sua rotina. Se você abrir um espaço nela para um planejamento mais cuidadoso de suas finanças, terá mais recursos à sua disposição, que em parte poderão ser usados para adquirir ferramentas e conhecimentos que otimizem seu trabalho e lhe permitam ter mais tempo livre. Cuidados com o tempo resultam em cuidados com o dinheiro, o que permite criar um interessante processo de prosperidade cíclica que se fortalece ao longo dos anos.

---

[3] Veja mais informações sobre este e outros livros de minha autoria em www.maisdinheiro.com.br/livros.

Outro obstáculo significativo para sua reorganização pessoal são suas contas a pagar. As pessoas que têm um orçamento excessivamente engessado por compromissos fixos e prestações também encontram mais dificuldade para fazer adaptações em suas escolhas, pois decisões do passado as deixam de mãos atadas no presente e continuarão deixando nos próximos meses, o que tende a fazê-las desistir dos ajustes e perder a motivação criada no momento da conscientização. Deixar de comprar a prazo e reduzir os custos fixos (como expliquei nos conceitos de orçamento eficiente e qualidade de consumo) cria espaço para contas de consumo mais flexíveis e que podem ser enxugadas, o que lhe dará maior flexibilidade para lidar com imprevistos e também para refazer seus planos conforme a necessidade.

A incapacidade de equilibrar o estresse do trabalho, da rotina diária e das atividades que compõem seu plano de enriquecimento com o descanso e as práticas de qualidade de vida necessárias para aliviar essa tensão é outro problema crítico. Você sabe quais são as medidas a tomar. Também sabe que é preciso descansar e desfrutar de suas conquistas. O exagero de um lado sempre irá prejudicar o outro lado. Esteja, portanto, alerta para interpretar os sinais de excessos. Reveja seus planos de carreira e de construção de riqueza com frequência e converse com pessoas de confiança sobre eles. O autoconhecimento é fundamental para seu sucesso!

Não posso deixar de citar sua zona de conforto como mais um forte obstáculo ao sucesso de seu plano. Não fazer nada será sempre mais fácil do que fazer algo com o qual você não está acostumado ou que seus amigos e conhecidos não têm o hábito de fazer. Qualquer alteração na rotina é difícil justamente por todas as coisas que continuam nos relembrando de quão tranquila e prazerosa era a situação inicial, antes de adotarmos qualquer mudança. Você quer cortar açúcares e álcool à noite para perder barriga, mas seus amigos continuam chamando-no para aquele happy hour semanal. Quer começar a poupar, mas havia se esquecido daquele cheque que vai bater na sua conta. Quer iniciar uma segunda atividade profissional no tempo livre, mas o cônjuge passa a dar sinais de que sente falta de jantar fora ou de pegar um cineminha no sábado. Mudar não é fácil. Na verdade, enquanto você estiver transformando sua vida para melhor, estará sempre sentindo aquele desconforto resultante da novidade. Isso é natural, e você deve estar consciente disso para não ser traído pelos sentimentos e levado a uma situação que lhe pareça mais natural: a de continuar seguindo a velha receita que não dá em nada.

Perceba que o maior obstáculo a seu sucesso financeiro é você mesmo e sua ansiedade, sua desorganização e suas desculpas para não agir, deixando de colocar o trem de sua história nos trilhos que levam ao destino desejado. Conscientize-se disso e assuma o leme da mudança, pois, após esta leitura, certamente os ventos soprarão a seu favor.

5

Um plano para garantir bem-estar e renda adequada para toda a vida

Seu projeto para ter liberdade e tranquilidade durante a maior parte de sua vida deve começar cedo, quanto antes. O ideal mesmo é que o primeiro passo seja dado ao receber o primeiro salário, revertendo parte do ganho para um plano de previdência privada. Sei, porém, que cada leitor se encontra em um momento diferente da vida – alguns estão atrasados em seu planejamento, outros já deveriam até estar colhendo os frutos de décadas de construção, mas a informação não chegou a tempo. Por isso, quero apresentar um modelo que não só exemplifique o plano exposto nas páginas anteriores, mas que também oriente o leitor sobre como agir caso não tenha praticado o roteiro até o momento atual.

No passo a passo a seguir, não evidencio claramente a divisão entre as três etapas da construção de riqueza – trabalhar, empreender e investir – porque preferi usar como referência as décadas de vida. Ao fazer isso, baseei-me nas grandes escolhas não relacionadas ao trabalho, como casamento, filhos, conclusão da faculdade dos filhos e perda dos pais, que são detalhadamente estudadas nas estatísticas do IBGE. Considero que, em uma população média, essas estatísticas variem menos do que a idade prevista para iniciar e terminar a carreira – enquanto alguns partem para um projeto empreendedor aos 21, outros podem começar após os 60 anos.

Desde o início: passo a passo do projeto completo

Independentemente de sua idade, sugiro que reflita sobre o que poderia ter sido feito até agora em sua vida para tornar suas escolhas financeiras menos limitadas. Relaciono aqui cinco grupos de recomendações para:

- uso/consumo do **dinheiro**;
- escolhas de **carreira**;
- seu **projeto empreendedor**;
- seus **investimentos**; e
- o que fazer **de agora em diante** caso não tenha praticado as recomendações das fases anteriores.

Antes dos 20 anos

Essa é a época de tomar uma decisão que terá impacto por pelo menos duas décadas: o que fazer para obter o sustento na vida? Ainda é cedo para pensar nos objetivos a serem alcançados. O momento é de refletir profundamente sobre os meios de construir sua riqueza pessoal. A falta de experiência gera muitas incertezas, por isso quanto mais se conversar sobre o assunto, mais referências você terá para decidir bem.

- **Dinheiro.** Escasso nessa fase; não há muito espaço para cortes no orçamento. Parte da renda limitada deve ser usada em um consumo de altíssima qualidade, como moda, bem-estar e convívio social, e parte deve ser poupada, mas ainda não para a aposentadoria. Como o grande fator limitador para as escolhas financeiras é o salário baixo, seu foco deve estar justamente em aumentá-lo. As reservas financeiras devem ser feitas para serem consumidas, de preferência, em cursos de pós-graduação, especialização ou idiomas, para comprar ou dar de entrada em ferramentas de trabalho ou para serem consumidas durante estágios não remunerados ou programas de intercâmbio no exterior.

- **Carreira.** Em nenhum momento de toda a sua vida adulta tantos sacrifícios deverão ser feitos quanto no início da carreira. Seja para conciliar o trabalho com a faculdade, para trabalhar nos fins de semana a fim de provar seu diferencial ou para aceitar o convite para um estágio não remunerado com grande potencial de aprendizado, você terá que fazer mais do que os outros para se destacar da multidão. Se não está contente com a função, mostre espírito de superação, para ser alçado mais rapidamente para outras oportunidades. Se está feliz com o caminho percorrido, não se acomode. Saiba identificar o momento em que você parece não ter mais nada a aprender e vá atrás de outra chance antes que seu trabalho vire rotina. Investigue se a empresa onde você trabalha oferece um bom plano de carreira e, se for o caso, seja curioso para descobrir os atalhos e evoluir mais depressa ao longo desse plano. Lembre-se: sua missão é fazer o melhor possível para multiplicar os resultados da empresa, e você será recompensado se perceber como fazer isso antes ou melhor do que seus colegas.
- **Empreendedorismo.** Por mais que você venha de uma família empreendedora ou que já tenha capital ou fontes de recursos para montar uma empresa, fazê-lo pode ser um desperdício diante de sua inexperiência. Não quero desestimular quem tenha perfil empreendedor, mas acredito que o trabalho para terceiros é um meio fundamental de aprendizado sobre negócios. Se você crê que é um administrador nato e tem um plano de negócios pronto para ser colocado em prática, sem dúvida

irá acrescentar muitas melhorias após trabalhar para uma empresa de porte similar ou, se possível, para um potencial cliente ou concorrente. Se desperdiçar essa oportunidade, provavelmente irá desperdiçar também muito tempo e dinheiro aprendendo com erros. Já para quem sente que não tem perfil empreendedor, essa é a fase ideal para se envolver com atividades e atitudes empreendedoras embrionárias, como atuar no diretório acadêmico ou na empresa júnior da faculdade, entrar para uma rede de marketing multinível ou montar um blog ou pequeno *e-commerce*. Não tenha pressa de dar certo. Aproveite experiências desse tipo para aumentar sua bagagem.

- **Investimentos.** Não perca tempo tentando aprender muito sobre investimentos. Com dinheiro escasso, é um desperdício estudar meios de multiplicar migalhas. Fuja dos riscos, pois suas reservas deverão ser consumidas, predominantemente, em um prazo não muito longo. Prefira iniciar seus investimentos com a mais básica das estratégias, que consiste em:
  - *Começar a contribuir para um plano de previdência patrocinado.* Se seus primeiros carimbos na carteira de trabalho vierem de empresas que oferecem planos patrocinados mesmo aos níveis hierárquicos mais baixos, agradeça aos céus e comece a contribuir, mesmo que não vá ficar muito tempo na empresa.
  - *Contribuir para o INSS.* Como a contribuição é obrigatória e automática por parte do empregador, essa orientação é apenas para quem optar por uma carreira autônoma ou liberal. Vale pela proteção social a fatores de risco não cobertos por outros investimentos ou seguros.
  - *Acumular uma reserva de emergências.* O equivalente a três meses de consumo é o ideal, investidos com liquidez (disponibilidade imediata, se necessário) em caderneta de poupança ou fundo de renda fixa. Somente depois de ter esse valor poupado é que você deve priorizar investimentos

para outros objetivos. Se sacado por qualquer motivo, encare sacrifícios maiores para recompô-lo quanto antes.
- *Poupar para desenvolver seus estudos.* Quando a renda é reduzida, não há sentido em fazer grandes esforços para o futuro, pois o máximo que vai conseguir é uma aposentadoria também reduzida após muito esforço. Suas reservas financeiras devem ser feitas prioritariamente, portanto, para pagar seus próximos cursos. Por isso, também devem se destinar a investimentos conservadores, como títulos públicos.
- *Se puder poupar mais, não complique!* Investimentos complexos tomarão seu tempo com aprendizado e acompanhamento, tirando o foco do desenvolvimento da carreira, que é o que realmente importa nessa fase. Por isso, prefira modalidades mais convenientes, como um plano de previdência privada já pensando em garantir renda futura ou aplicações maiores no plano da empresa, mesmo que sem o patrocínio.

Começando nessa idade? Ótimo, você está muito mais adiantado que pelo menos 99% da população. Isso significa que terá muita gente a seu redor dizendo que está exagerando na preocupação, que ninguém faz isso ou que é melhor curtir a juventude em vez de se preocupar com o que deve ser feito depois. Não dê ouvidos; mantenha o foco e, se quiser criar uma verdadeira corrente do bem, oriente seus amigos a fazerem o mesmo.

Dos 20 aos 30 anos

É a fase de intenso desenvolvimento na carreira e na vida pessoal. Muitas mudanças devem acontecer nesse período, tanto em termos de evolução da renda quanto em termos de estilo de vida – deixar a casa dos pais, consolidar um relacionamento afetivo e estabelecer uma rotina tanto para o trabalho quanto para as atividades pessoais.

- **Dinheiro.** As diversas mudanças de vida devem lhe consumir reservas e eventuais sobras no orçamento. Afinal, toda mudança traz imprevistos e estresse, requer ajustes e adaptações. Por outro lado, o crescimento na carreira traz consigo aumentos frequentes de salário, criando oportunidades de alívio para erros que se acumulam e, principalmente, possibilitando concentrar o esforço de poupança nas ocasiões de aumento de renda, como citei no capítulo anterior. Essa é, portanto, a fase de acelerar a formação de poupança tanto para seu projeto empreendedor (que a essa altura talvez ainda não esteja claro) quanto para a realização de outros sonhos pessoais.
- **Carreira.** Aos poucos, começa a ficar para trás a fase de fazer experiências e de superar limites para se destacar. Para se consolidar na carreira, é preciso focar nas atividades em que você é mais hábil, provar seu valor mais pela experiência do que pelos sacrifícios e equilibrar, definitivamente, a vida pessoal com a profissional, para não correr o risco de se tornar um workaholic. Os estudos devem ser dirigidos para atender a necessidades específicas de suas funções. É essencial que você se mantenha flexível para mudanças de carreira, inclusive mudanças geográficas, a fim de aproveitar oportunidades de elevar seu patamar de ganhos a níveis diferenciados. Sua disponibilidade para isso será bem menor quando tiver filhos ou quando seu orçamento perder flexibilidade ao assumir prestações da casa própria – que seguramente deve ficar para a fase seguinte.
- **Empreendedorismo.** À medida que a carreira se estabiliza e a pressão por adquirir conhecimento se torna mais amena, você tem a chance de começar a dedicar mais tempo a seu

projeto empreendedor – seja na forma de cursos ou de envolvimento crescente com algum mercado que lhe desperte atenção. Conforme sua rede de relacionamentos for evoluindo, troque experiências com os colegas sobre planos futuros, para amadurecer reflexões e encontrar oportunidades múltiplas de aprendizado.

- **Investimentos.** Com o crescimento da renda, seu esforço de poupança deve crescer também. Lembre-se de que isso só será possível se seu custo de vida não se elevar no mesmo ritmo dos aumentos salariais. Prefira gastar mais com qualidade de vida, mantendo baixas as despesas fixas. E comece a dedicar certa atenção a produtos de investimento mais complexos entre aqueles que seu banco oferece. Na medida em que cresce o volume dos investimentos, cuidados com a eficiência desse crescimento (como tentar reduzir taxas, impostos e tarifas) começam a gerar diferenciais de ganho recompensadores. Sua estratégia deve ser orientada pelas seguintes ações:
  - *Siga contribuindo para um plano de previdência patrocinado.* Caso esteja crescendo na mesma empresa há vários anos, essa estratégia já terá se mostrado a mais acertada.
  - *Confira regularmente seu saldo no INSS.* Caso seu empregador esteja falhando ao efetuar as contribuições devidas, leve o problema ao departamento de pessoal quanto antes. É mais fácil resolver pequenos problemas do que brigar na Justiça depois. Se for autônomo, mantenha suas contribuições pelo valor mínimo obrigatório.
  - *Mantenha uma reserva de emergências.* O ideal é ter o equivalente a três meses de consumo se você estiver estável no emprego, ou seis meses caso sinta que sua posição está em risco ou se você for autônomo ou profissional liberal.
  - *Diminua o conservadorismo de sua carteira de investimentos.* Tirando a reserva de emergências e as contribuições previdenciárias pública e privada para gerar renda após se

aposentar do trabalho, o restante da carteira deve ter sua estratégia baseada no conceito de *alocação de ativos*. Isso significa que o montante poupado para ser resgatado em poucos meses deve estar em investimentos conservadores e com fácil acesso, ao passo que os recursos com maior liberdade de prazo para resgate devem estar em investimentos de maior risco. Isso exigirá de você mais tempo para acompanhar suas finanças e se envolver.

– *Mantenha o que estava em previdência.* Aquilo que foi investido de maneira conveniente e conservadora nos primeiros anos do plano pode ser mantido sem contribuições adicionais ou com contribuições relativamente reduzidas, caso seu envolvimento com investimentos lhe permita acessar oportunidades mais interessantes em outros mercados. Tanto esse plano de previdência particular quanto o patrocinado, se houver, serão seu plano-base. Se tudo der errado e suas escolhas forem muito infelizes, sua renda na aposentadoria virá desse plano-base.

Começando nessa idade? Você está atrasado, mas ainda não em situação de risco. Faça as contas[1] e veja quanto teria juntado se houvesse começado na idade ideal. Seu objetivo será apertar o cinto e poupar mais para tirar o atraso. Faça isso reduzindo os grandes gastos, como aqueles com moradia e automóvel, procurando preservar verbas para qualidade de vida. Lembre-se de que as diversas mudanças nessa fase podem gerar estresse e você vai precisar de cuidados extras para combatê-lo.

---

[1] Acesse o link *Simuladores* no site www.maisdinheiro.com.br e use a Simulação de Poupança para realizar esses cálculos de matemática financeira, que não podem ser feitos com calculadoras comuns.

Dos 30 aos 40 anos

Essa é a fase em que a maioria das pessoas costuma dar maior atenção a seu planejamento da vida pós-trabalho, geralmente motivadas pela responsabilidade maior que vem com o casamento e o nascimento dos filhos. Mas isso não tem sido suficiente. Aqui nosso plano começa a ter uma configuração bastante diferente da do que é feito por seus conhecidos.

- **Dinheiro.** O aumento das responsabilidades traz uma pressão sobre o orçamento que, para a maioria das pessoas, dificulta bastante a formação planejada de poupança. Mas em geral essa dificuldade é fruto de excessos cometidos nos grandes gastos do orçamento – nitidamente com moradia e automóvel. Esses são os itens mais caros, que puxam para cima todos os gastos relacionados a eles. Ter uma casa mais cara leva a contas maiores. Para ser mantida, toda nova conquista na vida deve ser acompanhada de cuidados. Por isso, nessa fase, intensificam-se não só os cuidados para manter a disciplina de poupança, como também a contratação de seguros para proteger o patrimônio e a renda.
- **Carreira.** Nessa fase, a vida profissional já começa a entrar em voo de cruzeiro, com maior espaçamento entre as mudanças e maior previsibilidade na rotina de trabalho e de ganhos. Esse é o momento de ponderar se você vai começar a dedicar a maior parte de sua atenção a seu projeto empreendedor ou se irá manter-se na carreira em busca de posições hierárquicas mais relevantes e bem remuneradas. Caso opte pelo segundo caminho, o projeto empreendedor pode passar a ser conduzido por seu companheiro. Em hipótese alguma deve ser totalmente descartado, pois se ambos optarem pelo foco na carreira, os dois terão dificuldades de manter no futuro o padrão duplamente mais sofisticado que estará sendo criado.

- **Empreendedorismo.** Nessa fase, a dedicação das horas livres à carreira deve ser mínima, e você deve passar a se dedicar intensamente a seu projeto empreendedor. Se não tiver esse projeto ou se ele estiver muito imaturo, intensifique os cursos, a participação em eventos e feiras e a visita a amigos empreendedores. Elabore detalhadamente seu plano de negócios e esforce-se em iniciar alguns projetos experimentais relacionados a seu negócio próprio.
- **Investimentos.** Seus investimentos precisam ser adequados à necessidade de desenvolver um negócio próprio. Uma parcela considerável de renda fixa deve estar disponível para ser injetada nele em caso de imprevistos, ou para ser aproveitada em oportunidades de crescimento. Sua estratégia deve ser orientada pelas seguintes ações:
  - *Mantenha as contribuições para um plano de previdência patrocinado.* Elas somente serão encerradas quando você se desligar definitivamente da empresa para a qual trabalha.
  - *Continue contribuindo para o INSS.* A contribuição deve ser a mínima obrigatória, para preservar seus seguros sociais, e será mantida até que você se aposente formalmente.
  - *Mantenha uma reserva de emergências.* Ela deverá ser maior a partir do momento que você iniciar seu projeto empreendedor, para administrar riscos e também para você poder aproveitar oportunidades. Uma poupança equivalente a um ano de consumo familiar está longe de ser um exagero para quem começa a empreender.
  - *Faça seu negócio passar a ser parte de sua carteira de investimentos.* Quando iniciar seu negócio próprio, diminua bastante sua exposição ao risco nos demais investimentos. Negócios já trazem risco considerável, e investimentos em outras modalidades de risco tiram a atenção e aumentam a ansiedade.

– *Planeje o uso do que estava em previdência.* Lembre-se de seu plano-base. Mantenha a previdência privada, o INSS e planos empresariais patrocinados como um colchão de segurança para se reerguer caso seu projeto empreendedor falhe, ou para expandi-lo caso dê certo.

Começando nessa idade? Você já está consideravelmente atrasado, e será difícil conciliar a falta de poupança com um projeto empreendedor e a chegada dos filhos. Essa é a hora de rever seu padrão de vida e reduzi-lo, se necessário, ao mesmo tempo que contrata seguros para dar proteção a seus dependentes em caso de você faltar. As decisões sobre seguros, nessa fase, vêm antes das decisões de investimentos. Não aumente o grau de risco de seus investimentos, com o objetivo de tirar o atraso, sem que tenha conhecimento do assunto. Poupe energicamente e dedique-se a conhecer mercados de investimento em que você possa trabalhar sua atitude empreendedora para encontrar oportunidades.

Dos 40 aos 50 anos

A fase mais produtiva de nossa vida é marcada por uma disposição que não é exatamente a mesma da juventude, por uma experiência que nem sempre está aliada a conhecimentos atualizados e por responsabilidades familiares (com filhos e com pais) que nos pressionam a buscar maiores ganhos e correr menores riscos. Muitos se acomodam na previsível trilha de uma carreira planejada, quando, na verdade, o ideal é aproveitar o vigor que ainda temos para ousar e seguir caminhos mais definitivos e sob nosso controle.

- **Dinheiro.** A estabilidade na carreira e na configuração familiar é convidativa para a aquisição de um lugar para morar. A compra da casa própria antes dessa fase mostra-se equivocada, tendendo a tirar uma liberdade necessária às transformações típicas das fases anteriores. Se antes a qualidade de vida era recomendada, agora passa a ser necessária, por isso reforço o alerta para que se busque uma vida mais simples e com mais experiências de lazer. Os gastos com filhos são crescentes e impositivos, porém tendem a decair com o ingresso deles no mercado de trabalho. Parte significativa dessa economia, entretanto, será consumida pelo encarecimento de planos de saúde e pelos cuidados preventivos. A outra parte deve ser economizada para formar maiores reservas de emergências, principalmente para os que iniciaram ou estão iniciando seu projeto empreendedor. Até que amadureça, esse projeto tende a consumir mais recursos e gerar mais imprevistos.

- **Carreira.** A chamada fase da maturidade profissional é a hora de colher os frutos de sua carreira. A combinação de conhecimento com experiência valoriza seu passe, e por isso você deve aproveitar para sondar o mercado em busca de suas últimas e mais recompensadoras mudanças para novos desafios. Nas negociações por cargo e salário, assegure a importância de seguir determinadas regras de agenda e de ter tempo livre para você. Não é preciso provar mais nada a ninguém com sacrifícios, pois seu currículo já fala por si. Com maior domínio de seu tempo, encare seu projeto empreendedor como uma atividade tão importante quanto sua carreira, e comece a se preparar para deixar o emprego fixo caso seu projeto floresça e se mostre seguro e rentável sob seu comando.
- **Empreendedorismo.** A essa altura, é natural que as famílias já estejam se preparando para a aposentadoria, por isso não há problema algum em conciliar sua carreira com um projeto empreendedor, mesmo que seja um negócio próprio, e tratar disso abertamente em seus relacionamentos. É claro que você, se for um servidor público, impedido de exercer

outra atividade que não seja acadêmica, deverá respeitar essa condição e somente se dedicar ao projeto empreendedor de seu parceiro nas horas livres. Instigue colegas de trabalho a buscarem o mesmo tipo de solução para a vida deles, debata sobre o tema, ouça críticas e incorpore-as a seus planos. Esse é o momento de fazer algumas experiências empreendedoras, antes que seu projeto se torne o principal responsável pelo seu sustento. Caso pense em continuar na ativa por mais alguns anos, considere a possibilidade de entrar na carreira acadêmica, cursando mestrado ou doutorado para levar sua experiência e seu conhecimento para salas de aula.

- **Investimentos.** Cada vez mais, sua carteira deve ter menos características de valorização e mais de preservação do patrimônio e automatização dos rendimentos para mantê-lo. Imóveis que tinham potencial de valorização precisam ser vendidos e trocados por imóveis com bom e estável rendimento de aluguel. Carteiras de ações devem ter papéis que pagam bons dividendos. A experiência tem que ser usada para alavancar ganhos, isto é, para abordagens mais complexas que envolvam o crédito de modo a obter resultados melhores. Os principais pontos da estratégia nessa fase são:
  - *Prepare-se para resgatar suas previdências.* Reúna os documentos e comprovantes de planos patrocinados, do INSS e dos PGBLs e VGBLs para os quais contribuiu, consulte os respectivos administradores e verifique se está tudo certo para dar entrada na aposentadoria daqui a alguns anos. Se algo estiver errado ou faltando, é melhor correr atrás antes que se torne uma necessidade.
  - *Continue contribuindo para o INSS.* Caso encerre sua carreira e inicie um projeto empreendedor, continue contribuindo com o mínimo obrigatório para o INSS, objetivando obter o benefício da aposentadoria formal por tempo de contribuição.

— *Reforce a reserva de emergências.* Quanto mais seu projeto empreendedor crescer, mais você estará sujeito a sazonalidades e novas necessidades de investimentos. Aumente significativamente sua parcela de renda fixa para ter como atravessar diversos períodos de ajustes nas contas.

— *Avalie o sucesso de seu negócio.* Após alguns anos de experiências, você já terá condições de avaliar se seu projeto empreendedor será capaz ou não de manter sua família. Em caso afirmativo, comece a preparar a transição do trabalho para a gestão exclusiva de seu projeto empreendedor. Se seu projeto for insuficiente, há dois caminhos possíveis: tocar a carreira ao mesmo tempo que leva o projeto em paralelo ou substituir seu projeto por outro. Em qualquer dos dois caminhos, você deve assumir uma nova etapa de sacrifícios, conciliando a agenda entre o trabalho, a dedicação ao projeto empreendedor e a atualização de conhecimento para manter sua empregabilidade.

Começando nessa idade? Caso não tenha poupado até então e sua segurança futura limite-se apenas aos benefícios do INSS, seu grau de dependência do emprego está muito acima do ideal. Contrate uma cobertura de seguro de vida que complemente a poupança ainda não formada, para não deixar sua família sem rumo em caso de morte ou invalidez. Quanto maior a poupança, menor o valor da cobertura de seguros a ser contratada. Converse em família e considere a possibilidade de se desfazer de bens como o imóvel em que vivem ou de reduzir drasticamente o padrão do automóvel, para criar um volume de caixa a ser trabalhado como investimento. Nos investimentos tradicionais a multiplicação desse valor não será significativa, pois o prazo é curto e o perfil deve ser cada vez mais conservador com o avançar da idade. Dedique-se com afinco ao envolvimento e aos estudos sobre um projeto empreendedor, que preferencialmente seja debatido e iniciado com alguém de sua extrema confiança.

Dos 50 aos 60 anos

Todas as orientações da fase anterior valem para essa, com o diferencial de que o prazo está acabando, a carreira se saturando, os gastos pessoais aumentando e, consequentemente, seu senso de urgência deve estar à flor da pele. Dizem que a meia-idade é quando o trabalho é muito menos divertido, e se divertir dá muito mais trabalho. Não se acomode. Siga o instinto e aja. Não acredite que sua carreira irá se prolongar. O momento ideal de pensar em sua aposentadoria (ou na alternativa a ela) é antes que seu chefe o faça.

- **Dinheiro.** Essa é a hora de correr atrás de projetos pessoais que foram sendo postergados. Viagens, tradições, relacionamentos, valores pessoais, atividades voluntárias e qualidade de vida passam a ter um peso muito maior nas escolhas do que moradia, automóvel, decoração e moda. Dê menos ouvidos aos outros e siga seus instintos e seus valores. Mais do que nunca, esse é o momento de gastar mais com o que lhe faz bem.
- **Carreira.** Caso tenha reunido as condições necessárias, dê entrada na aposentadoria por tempo de contribuição. Caso tenha contribuído pelo mínimo, não terá nada a perder pelo fator previdenciário, que tira parte do direito de aposentados que se aposentam cedo e com ganhos acima do mínimo. Se estiver se aposentando ou próximo de fazer isso, mantenha uma relação cordial e construtiva com seu mercado de trabalho. Pense em cursar um mestrado, para abrir portas para o mundo acadêmico. Sua experiência é valiosa e pode lhe render, se desejado,

trabalhos eventuais ou serviços de educação ou consultoria, com ganhos pontuais que podem reforçar seu orçamento na fase pós-carreira.
- **Empreendedorismo.** Sendo um negócio próprio ou um mero conjunto de investimentos reforçado por uma atitude empreendedora, seu projeto empreendedor é, nessa fase da vida, muito mais relevante para seu futuro do que sua carreira profissional. Participe de associações ligadas a essa atividade, contrate especialistas ou profissionalize pessoas de confiança que trabalhem para você e faça planos para o crescimento de seu projeto pelos próximos 20 anos. Faça planos também para, na medida em que o seu projeto evoluir e se consolidar, aos poucos você vá delegando funções executivas e assumindo o papel de conselheiro. Inscreva-se em cursos de formação de conselheiros, caso tenha uma empresa, ou aproxime-se das pessoas que são referência em sua área.
- **Investimentos.** Nenhum investimento é, nessa fase, mais relevante do que seu projeto empreendedor. Seja conservador e atente para que o desempenho de sua renda e de seus ativos supere os efeitos da inflação. Os principais pontos da estratégia são:
    - *A reserva de emergências será sua companheira para sempre.* Imprevistos podem acontecer a qualquer momento. Mesmo que você tenha fontes seguras de renda e um sólido projeto empreendedor, sempre haverá situações fora do planejado ou oportunidades de aquisições vantajosas que valham o resgate da reserva para garantir um bom negócio à vista. Sempre que a reserva for consumida parcial ou totalmente, recomenda-se moderar o consumo nos meses seguintes para que ela seja recomposta.
    - *Acompanhe continuamente seus geradores de renda.* Estude os indicadores financeiros para avaliar se seu projeto empreendedor está gerando dividendos crescentes.

Compare seus investimentos com similares do mercado, discuta estratégias com outros empreendedores e aja quanto antes quando identificar riscos crescentes.
- *Sacrifícios em curtos períodos.* Não é porque você trabalhou a vida toda que deve esperar dessa fase apenas segurança e conforto. Lembre-se: como empreendedor, você está sujeito a riscos, e administrá-los significa efetuar ajustes constantemente. Esteja preparado para fazer sacrifícios quando tiver uma grande oportunidade de negócios ou uma perda que exija cortes de gastos para recompor seu patrimônio. A maturidade lhe proporciona melhores condições de fazer planos, por isso torne-se mestre em planejar sacrifícios por prazos determinados e com recompensas ao final deles, para que o trabalho não se torne um fardo.
- *Atenção diária a seu projeto empreendedor.* A idade, a experiência e seu bom planejamento lhe propiciaram uma condição de liberdade de escolha, por isso você tem direito a descansar quando bem entender, certo? Nem tanto. Sabendo que é o olho do dono que engorda o gado, você tem direito a descansar quando bem entender, desde que cuide para acompanhar diária e minuciosamente seu projeto empreendedor, seja com a ajuda de um sócio, de seu companheiro ou de seus filhos, seja com o auxílio de tecnologia que permita sua interação à distância.

Começando nessa idade? Se não fez poupança até agora, é porque você consumiu muito mais do que devia de seus ganhos. O acerto começa por desfazer os erros. Venda bens de valor significativo, como sua casa e seu automóvel. Mude-se para um imóvel alugado e compre financiado um automóvel simples, econômico e seguro. Junte o valor das vendas com as reservas que você tem. Invista metade de maneira conservadora e com liquidez, como em um CDB bancário, e use a outra metade em seu projeto empreendedor, associando seu tempo e seu conhecimento a tais recursos para que estes passem a se multiplicar. Estabeleça objetivos, trabalhe para alcançá-los e, enquanto a parcela agressiva de seu investimento for trabalhada para dobrar de valor, vá sacando recursos do investimento conservador para se manter. Seja racional e econômico, para poder aproveitar mais dentro de 5 ou 10 anos, afinal, você estará passando por um processo de correção de rumo. Veja, ao final deste capítulo, um exemplo que trata da atitude empreendedora nos negócios imobiliários.

Dos 60 aos 80 anos

Essa é a fase da vida em que muitas pessoas sonham estar aposentadas. A maioria de fato está, mas com escolhas extremamente limitadas. Se você seguir nosso plano, estará com um histórico de consumo mais rico, com reservas financeiras sendo trabalhadas em um projeto empreendedor e preparando-se para começar a se afastar dos negócios para que eles continuem existindo sem sua interferência diária. Ao chegar aos 65 anos, você passa a ter acesso a uma série de privilégios e direitos[2] que podem fazer dessa fase do plano um momento mais tranquilo para suas contas do que a fase anterior.

- **Dinheiro.** Apesar de alguns gastos estarem aumentando para lhe garantir conforto, a partir dessa fase você passa a contar com alguns privilégios que, quando bem aproveitados, trazem um alívio considerável ao orçamento. A gratuidade do transporte público permite diminuir o uso do automóvel ou até sua

---

[2] Para detalhes, consulte o Estatuto do Idoso, criado pela Lei nº 10.741/03: www.planalto.gov.br/ccivil_03/leis/2003/l10.741.htm.

dispensa, os gastos com lazer diminuem em razão das políticas de meia-entrada, o limite de isenção do imposto de renda dobra e este deixa de ser cobrado sobre a aposentadoria, entre outros. Essas economias permitem absorver, ao menos em parte, o aumento de gastos com saúde e cuidados pessoais.
- **Carreira.** Quem não se aposentou pelo critério de tempo de contribuição chega, nesta fase, à condição de se aposentar por idade. É o momento de encerrar a carreira, ou de manter apenas o necessário para complementar a renda.
- **Empreendedorismo.** Se seu projeto empreendedor se iniciou no momento adequado, há mais de 10 ou 15 anos, deve estar atingindo aqui sua maturidade, com renda estável, marca ou reputação consolidada e decisões cada vez mais acertadas em razão da experiência. É o momento de você testar a delegação de tarefas a funcionários de confiança, no caso de empresas, ou de delegar suas escolhas de investimento a agentes ou procuradores que cuidem disso para você em troca de uma comissão. Porém, durante alguns anos você deve apenas testar essa estratégia, acompanhando diária e cuidadosamente os resultados obtidos por esses profissionais a quem você delega decisões. Para evitar fraudes ou estelionatos, esteja amparado por um advogado sempre que assinar procurações e participações em seus negócios.
- **Investimentos.** Investir, nessa fase da vida, é acompanhar o desempenho daqueles que prestam o serviço de decidir a aplicação de seus recursos. Estude continuamente sobre esse tema e afaste-se da rotina, mas não do acompanhamento dos resultados. Redobre seus cuidados com os efeitos inflacionários. Dessa fase em diante, seus investimentos estarão divididos em aplicações de renda fixa (incluindo uma parcela com alta liquidez para emergências e cuidados com a sucessão patrimonial) e recursos em renda variável sendo trabalhados com atitude empreendedora.

Começando nessa idade? A aposentadoria paga pelo INSS é a boia que evita seu afogamento. O que deve ser feito requer atitude imediata, e não há margem para erro. A recomendação é seguir a estratégia de venda de bens, sugerida para quem começou a poupar na fase anterior, só que com cuidados adicionais (ou seja, mais custos) para evitar riscos de fraude ou estelionato. Fale com um consultor financeiro para receber informações sobre cuidados com contratos e com as instituições que você pretende contratar para investir seu dinheiro. Ao acompanhar pessoas nessa fase, notei a dificuldade ao tentarem se educar pela primeira vez na vida sobre mercados de investimento mais complexos, como o financeiro e o de negócios com commodities, principalmente em razão dos conflitos de gerações com investidores mais jovens. Para quem inicia nessa fase, o investimento em leilões e principalmente em imóveis (construir para revender) se mostrou bastante viável, por serem formas mais tradicionais de investimento.

A partir dos 80 anos

Definitivamente, aqui chegamos à idade em que o objetivo das pessoas é apenas desfrutar a vida, mesmo que ainda tenham uma genética privilegiada capaz de levá-las a mais 30 ou 40 anos na ativa. A preocupação em construir um patrimônio tende a gerar mais ônus à saúde do que ganhos com rendimentos. O que foi feito deve ser preservado. Quanto ao que deveria ter sido mas não foi feito, deve-se ter a humildade de reconhecer as falhas e buscar ajuda das pessoas que são de fato importantes para você, como filhos, outros familiares e amigos.

- **Dinheiro.** Os gastos não deixarão de crescer com o avançar dos anos. Mesmo que seu padrão de consumo se estabilize, você irá gastar cada vez mais com saúde e qualidade de alimentos, serviços de entrega, cuidados pessoais e pequenas adaptações em sua casa, para sua segurança. Para não abrir mão de conforto e segurança, dividir moradia com um amigo com situação próxima da sua ou mesmo com familiares pode ser uma boa solução, além de um elemento de segurança emocional e envolvimento social. No livro *A arte de envelhecer*, o médico geriatra americano Sherwin Nuland pondera sobre centenas de pesquisas que fez sobre pessoas centenárias e conclui que preservar a relação diária com entes queridos é fator fundamental para que as pessoas vivam melhor suas últimas décadas de vida.

- **Carreira.** Por que não um trabalho informal? Se for convidado e tiver a oportunidade, encare pequenos desafios. Um bico lhe trará uma renda extra e, se seus interesses pessoais forem respeitados, lhe será muito benéfico. Já se puder lecionar sobre assuntos que você conhece bem, aí sim haverá uma combinação interessante entre fonte de renda e atividade gratificante.
- **Empreendedorismo.** Iniciar projetos individuais nessa fase pode lhe trazer o grande risco de não conseguir competir com a inovação e a agilidade dos mais jovens. Caso tenha uma boa ideia, junte-se a um sócio de menos idade e atue como conselheiro.
- **Investimentos.** A orientação é a mesma da fase anterior. Reforce cuidados com a estratégia de sucessão patrimonial, avaliando com advogados e contadores os possíveis mecanismos que podem ser adotados para minimizar a tributação sobre herança. A cessão de imóveis em vida, a criação de uma holding familiar para quem tem muitos imóveis e o direcionamento de boa parcela de sua renda fixa para um plano de previdência do tipo VGBL (que funciona como seguro para os dependentes em caso de morte) são boas estratégias.

Começando nessa idade? Evite desfazer-se de imóveis dessa fase em diante, pois, além dos erros financeiros acumulados, provavelmente acumulou-se também um apego a bens, a tradições e hábitos que, uma vez abandonados, podem mais prejudicar do que ajudar. A família é seu refúgio, e certamente as pessoas que lhe querem bem estarão felizes em ampará-lo em qualquer necessidade. Zele pelos que lhe são próximos, sirva de exemplo e oriente seus filhos para que no futuro eles não passem pelas mesmas privações com as quais você está lidando.

As fases listadas neste capítulo não necessariamente coincidem com a evolução de sua vida. Cada pessoa tem uma origem e uma maneira própria de evoluir. Meu objetivo ao sugerir caminhos para cada fase foi o de lhe apresentar as soluções financeiras mais adequadas e compatíveis com seus anseios pessoais, com base nos fatos da vida identificados na média da população. Atente para isso e ajuste as orientações de acordo com a sua realidade.

Perceba que não entrei em detalhes de estratégias de investimento – por exemplo, se é melhor optar por um plano de previdência do tipo PGBL ou VGBL. Não o fiz para não desviar do entendimento da estrutura do plano e não estender demais essa leitura. Para mais informações sobre a estratégia de investimentos que deve ser adotada, leia *Investimentos inteligentes*, de minha autoria.

Caso prático: a atitude empreendedora nos negócios imobiliários

No início da carreira, nosso cérebro está habituado a um aprendizado intenso e contínuo, fruto da questionável e exaustiva preparação para exames vestibulares, trabalhos de faculdade, dinâmicas de grupo em processos de seleção e a própria competição agressiva do mercado de trabalho. Com o tempo, a carreira entra em voo de cruzeiro, diminuímos o ritmo do aprendizado e, como não deveria deixar de ser, nosso cérebro fica mais preguiçoso. O hábito de aprender perde a força com o passar dos anos.

Para evitar isso, que é também um dos fatores de aceleração do envelhecimento,[3] o ideal é adotar o aprendizado como um ritual contínuo ao longo da vida. Minha recomendação para dividir esse aprendizado em três etapas – educação para o trabalho, para empreender e para investir – torna essa tarefa mais simples e instigante.

No entanto, muitos que buscaram neste livro uma solução para sua aposentadoria, querendo recuperar o tempo perdido, provavelmente já não se sentem tão motivados a aprender quanto há algum tempo. Não me refiro aqui ao aprendizado de coisas agradáveis e ligadas a nossos grandes interesses, como história, viagens, gastronomia e família. Refiro-me ao aprendizado necessário para facilitar decisões complexas, como o estudo de mercados de investimento, cálculo de risco, assuntos atuariais, política e macroeconomia. Hoje os mercados de investimentos são complexos e dotados de ferramentas tecnológicas para nos mantermos atualizados segundo a segundo e também para agirmos de maneira mais célere diante de qualquer oportunidade.

Para a chamada geração Z, formada por jovens que nasceram imersos na tecnologia, manipular e aprender sobre essas tecnologias é como escovar os dentes, faz parte da rotina. Para aqueles da geração X e acima, com mais de 40 anos, estudar essas ferramentas e as técnicas dos mercados é como submeter os neurônios a uma ultramaratona. Muitos simplesmente travam diante de tanta informação e tanto vocabulário técnico.

Acredito que, com paciência, dedicação e envolvimento, esse bloqueio é superado com o tempo. Um alento para quem não se sente à vontade com a exploração de novos mercados é saber que ainda é possível realizar grandes investimentos à moda antiga, em mercados tradicionais.

Nos últimos anos, participei de programas de preparação para a aposentadoria em diversas empresas e cooperativas de crédito, e

---

[3] Recorro aqui novamente às reflexões do professor Nuland em *A arte de envelhecer*.

a realidade que encontrei nesses eventos foi razoavelmente uniforme. Em geral, os participantes eram pessoas entre 55 e 65 anos, a poucos anos ou a meses de se aposentar e se desligar por completo da rotina de trabalho, com algumas centenas de milhares de reais acumulados em um plano de previdência patrocinado ou particular, conscientes de que o dinheiro acumulado seria pouco para os anos seguintes e, invariavelmente, descrentes de que seu futuro poderia ser melhor do que o presente. Iniciavam o treinamento como se estivessem sendo preparados para o corredor da morte, sem ânimo algum.

Foi desses programas que, após debater soluções e testar estratégias com os participantes, nasceu um modelo de atitude empreendedora que passou a ser adotado em quase 100% das situações em que deparo com aposentados desanimados que têm pouco dinheiro reservado e muito medo do futuro.

O modelo consiste nos seguintes fatores:

- *Poucos recursos.* Quem dá entrada na aposentadoria passa a ter acesso a seu saldo no FGTS, aos saldos nos planos de previdência patrocinados e ainda à renda da aposentadoria do INSS.
- *Perspectivas limitadas.* Em geral, são pessoas que já estão com a casa própria quitada e que possuem poucas reservas além das citadas acima. A soma dessas reservas, se bem aplicada, cria uma renda complementar ao INSS que raramente permite que o padrão de vida atual do aposentando seja mantido, ou então permite que seja mantido hoje mas sem vislumbres de um crescimento ao longo dos próximos anos.
- *Novo paradigma.* No lugar do investimento conservador e insuficiente, proponho aos aposentandos que vendam a casa e somem o valor ao patrimônio financeiro disponível. "Como assim?" é o comentário que ouço ao propor isso. Sim, é um novo paradigma, mas que funciona bem.

- *Solução para a moradia.* Ao sair da casa própria, o aposentando irá se acomodar em um novo imóvel, alugado, com planos de viver nesse local por não mais do que 10 anos.
- *A nova carteira de investimentos.* Dos recursos totais somados, agora bem mais volumosos com o valor da casa, uma metade será investida em renda fixa e fundos imobiliários e a outra será usada em um projeto empreendedor com imóveis.
- *A renda fixa.* A parcela de renda fixa será dividida em três partes iguais: VGBL com tributação progressiva, fundos imobiliários e títulos públicos. O VGBL é para que parte de suas reservas não entrem em inventário e estejam disponíveis de imediato para sua família caso ocorra alguma fatalidade. A tributação progressiva (que segue a tabela da Receita Federal) é porque provavelmente a soma de sua renda mensal (incluindo saques da renda fixa) será praticamente isenta. Gosto dos fundos imobiliários pelo fato de gerarem renda automaticamente na conta-corrente do investidor e sem incidência de impostos. Também gosto do investimento em Notas do Tesouro Nacional – Série B (NTN-B), que seguem a taxa Selic e pagam os rendimentos semestralmente na conta do investidor. Se os rendimentos totais mensais não forem suficientes para pagar as contas do orçamento, uma pequena parte poderá ser sacada do VGBL.
- *O projeto empreendedor.* Para a parte de risco do capital, a sugestão é comprar um terreno e construir casas geminadas para revender. Ao longo de 15 a 20 meses de obra, com acompanhamento frequente e atenção aos custos, é possível revender cada casa com lucro entre 40% e 70% acima do que foi gasto.
- *Ganhos sobre ganhos.* Uma vez apurado o lucro e com os impostos pagos, soma-se novamente todos os recursos disponíveis e parte-se para um novo ciclo, com a mesma estratégia de dividir o dinheiro entre renda fixa e a construção de casas.
- *A união faz a força.* Como apresento esse projeto para colegas e ex-colegas de trabalho, incentivo essas pessoas a iniciarem

seu projeto empreendedor em grupo. Cada um empreende individualmente em sua localidade, mas todos discutem juntos estratégias de contratação conjunta de um único arquiteto e um único engenheiro, criam uma empreiteira própria, realizam pesquisas frequentes de preços para encontrar materiais mais baratos, compram em escala em busca de menor preço e revezam-se no acompanhamento de várias obras para evitar desperdícios, perdas, furtos e atrasos.

- *Fugindo do aluguel.* O ideal é começar com casas populares, mais fáceis de vender. Com o crescimento do patrimônio, após duas ou três rodadas, já é possível construir mais casas de uma vez, ou até mesmo casas de melhor padrão. Aqui cria-se a oportunidade de fugir do aluguel. Ao concluir um projeto de três ou quatro casas de um padrão que agrade ao investidor, ele passa a morar em uma delas e vende as demais. Mesmo assim, ao final desse ciclo o dinheiro acumulado é maior do que o investido na obra.
- *Blindagem contra imprevistos.* Documente seus planos, seus controles e suas planilhas, e mantenha alguém de confiança informado sobre seus projetos. Caso você saia de férias ou tenha necessidade de afastamento por questões de saúde, seu projeto empreendedor não pode parar de gerar resultados, pois sua sobrevivência depende do sucesso dele. Aproveite a estratégia de contratação em grupo para contar sempre com o suporte de um bom advogado, um bom corretor de imóveis e um bom contador.
- *Avaliando resultados.* Ao final de 10 anos, estima-se que o capital tenha pelo menos dobrado em termos reais – ou seja, acima do crescimento da inflação – e que o investidor já tenha voltado a morar em uma casa própria e quitada. Poderia se aposentar, mas, com um projeto tão interessante em mãos e com a experiência acumulada, pergunto: por que parar?

6
Uma sociedade mais rica e melhor

Da consciência capitalista à prática

Quando discuti sobre a consciência capitalista, no Capítulo 3, mostrei as oportunidades proporcionadas por uma educação igualitária que dê esclarecimento às pessoas e que as conduza por um processo de aprendizado para o trabalho, para o empreendedorismo e para os investimentos. Em uma visão de sociedade ideal, teríamos os mais velhos com patrimônio acumulado, e os mais jovens batalhando com autonomia por chances de mostrar sua capacidade de multiplicar o capital dos mais velhos enquanto acumulam seu próprio capital, para futuramente ser multiplicado por novos jovens.

Obviamente essa é uma visão utópica, pois considera que teremos a educação e o esclarecimento chegando uniformemente a todos e que não enfrentaremos mais interesses políticos contrários a isso. Porém, apesar de o capitalismo democrático e sustentável ser uma utopia, é uma referência a ser perseguida, nem que seja pelos mais esclarecidos. Se um em cada cinco trabalhadores seguir esse modelo ao longo da vida, no mínimo estará garantindo capital e educação empreendedora para assegurar emprego aos outros quatro que não foram esclarecidos a tempo.

Basta que apenas a parcela mais adequadamente educada da sociedade pense dessa maneira para que criemos a condição de gerar empregos, renda e pagamento de tributos crescentes em um país cuja população ainda aumenta, propiciando a evolução favorável da economia e do bem-estar.

A transformação para uma sociedade melhor, mais rica, mais consciente, menos dependente do governo e menos preocupada com o amanhã, é possível. Precisamos apenas agir, porque escolhas bem-sucedidas para o dinheiro multiplicam o bem-estar entre inúmeras famílias. Ao buscar respostas para esse assunto, você está fazendo sua parte.

Antes de devolver este livro à prateleira ou passá-lo adiante, faça uma releitura rápida e anote os pontos principais. Para facilitar a pesquisa, relacionei ao final as principais orientações propostas ao longo do texto. Estabeleça um cronograma de ações a serem colocadas em prática. Seu futuro é criado a partir de cada ação presente, por isso não atrase mais um dia as possibilidades de grandes colheitas em sua vida.

Hora de alçar voo

Iniciei este texto afirmando que o caminho que seria proposto envolveria menos privações, maior qualidade de vida, investimentos conservadores e mais sonhos realizados a cada etapa. Espero ter cumprido o que prometi.

Por menos privações, espero não ter criado a expectativa de que um futuro mais seguro é viável apenas após uma vida de desperdícios. Se precisamos poupar mais do que antes, isso pode ser feito adotando-se um consumo mais inteligente e seletivo. Por exemplo, por que assinar o pacote completo de TV a cabo, se seu filme preferido pode ser adquirido em uma locadora on-line? Ou por que comprar um automóvel, se seu deslocamento de táxi não custa mais do que R$ 40,00 diários ou se você ainda pode economizar com uma saudável caminhada? Não se esqueça do conceito de qualidade de consumo – comprar melhor e por menos dinheiro.

Ao propor mais qualidade de vida e mais sonhos realizados, levo em consideração que provavelmente você terá que poupar por alguns anos a mais do que planejara. Isso é um problema? Não, se você decidir viver melhor e com menos pressa para se aposentar. Lembre-se: poupar para o futuro não deve ser visto como uma troca do hoje pelo amanhã, mas como uma maneira de sustentar amanhã as escolhas acertadas de hoje.

A proposta que fiz foi adotar uma combinação de melhora na qualidade de vida, mais tempo em atividade e com esforço poupador e incentivo à educação ao longo de toda a sua existência. Espero ter deixado claro que, mais do que discutir caminhos para a aposentadoria, devemos entender mesmo é que simplesmente deixou de existir aquele modelo de aposentadoria que funcionava no passado e que hoje não se sustenta. É paradoxal passar décadas sonhando com o fim do trabalho aos 65, para então chegar a essa idade e passar a sonhar em conseguir trabalho para pagar as contas.

Seria mesmo o fim da aposentadoria? Não prego aqui a falência do INSS, que será sempre socorrido por verbas governamentais, nem pretendo gerar um clima alarmista. As instituições ligadas à aposentadoria continuarão existindo, as pessoas continuarão passando pelo ritual burocrático de ingressar na aposentadoria e passar a receber uma renda insuficiente do governo, e o confortante momento de passar a ter acesso aos saldos nos planos de previdência continuará fazendo parte da história de muitos trabalhadores.

Aposentar-se é bem mais do que encerrar uma carreira profissional. Com ela, nasce uma nova etapa na vida, com transformações que afetam as pessoas sob diversos aspectos. Mudam os relacionamentos, a saúde, as finanças e outras áreas da vida. Com o devido planejamento, as alterações em todos esses aspectos são para melhor. Quando somos descuidados, o resultado é bastante conhecido de todos nós.

Já vi pesquisas mostrando que aposentadoria pode fazer mal, que as pessoas se deprimem. Discordo completamente de pesquisas desse tipo. Não é a aposentadoria que deprime, mas as restrições impostas pela insuficiência financeira e pela dificuldade de se obter trabalho quando ele se mostra realmente necessário. Não é exagero dizer que a base da depressão que muitos sentem ao se aposentar é o arrependimento por não terem feito o necessário mais cedo.

O fim da aposentadoria não se refere à extinção da instituição aposentadoria, mas ao alerta de que ela deve deixar de ser o protagonista da história profissional. Não trabalhamos mais para alcançar a aposentadoria. Trabalhar é apenas uma etapa em seu processo de construção de riqueza e de liberdade, e a aposentadoria é somente um ritual de passagem oficial da primeira para a segunda etapa desse processo.

Na verdade, aposentar-se deixou de ser necessário. Deixar de trabalhar e contar com dinheiro pingando na conta é absolutamente desnecessário para aqueles que empreendem há alguns anos. Empreendimentos bem-sucedidos criam esse maravilhoso ritual do recebimento de dividendos sem a necessidade de esperar chegar os 65 anos. Sem o trabalho de acumular comprovantes. Sem o desgosto de criar expectativas e, na hora de receber o que plantou, ser apunhalado pelas costas pelo governo com mudanças de normas que você seguiu por décadas. Hoje, no Brasil, temos uma regra de correção de valores de aposentadoria para quem recebe salário-mínimo, e outra regra extremamente prejudicial para quem contribuiu mais para ter mais ganhos na aposentadoria. Depender do governo para ter um futuro digno é como vender sua alma. Assuma as rédeas e cuide você mesmo de seu futuro!

Um pássaro que repousa numa árvore nunca teme que seu galho quebre, porque sua confiança não é no galho, mas em suas próprias asas. Sempre confie em si mesmo.

Autor desconhecido

Agradeço por você querer ser uma pessoa mais rica e buscar conhecimento por meio de meu trabalho. Ninguém tem a perder com a educação financeira. Agora, seus planos dependem de você levar este conhecimento para a prática. Aceita o desafio?

Uma longa e rica vida para você!

Gustavo Cerbasi
Primavera de 2013

IDOSO OU VELHO?

Depoimento de um *idoso* de 80 anos:

***Idosa** é uma pessoa que tem muita idade;*
*ingredients**Velha** é uma pessoa que perdeu a jovialidade.*
*Você é **idoso** quando sonha;*
*É **velho** quando apenas dorme.*
*Você é **idoso** quando ainda aprende;*
*É **velho** quando já nem ensina.*
*Você é **idoso** quando pratica esportes ou de alguma outra forma se exercita;*
*É **velho** quando apenas descansa.*
*Você é **idoso** quando seu calendário tem amanhãs;*
*É **velho** quando seu calendário só tem ontens.*
*O **idoso** é aquela pessoa que tem tido a felicidade de viver uma longa vida produtiva, de ter adquirido uma grande experiência. Ele é uma ponte entre o passado e o presente, como o jovem é uma ponte entre o presente e o futuro. É no presente que os dois se encontram;*
***Velho** é aquele que tem carregado o peso dos anos, que em vez de transmitir experiência às gerações vindouras, transmite pessimismo e desilusão. Para ele, não existe ponte entre o passado e o presente, existe um fosso que o separa do presente pelo apego ao passado.*
*O **idoso** se renova a cada dia que começa;*
*O **velho** se acaba a cada noite que termina.*

O ***idoso*** *tem seus olhos postos no horizonte de onde o sol desponta e a esperança se ilumina;*

O ***velho*** *tem sua miopia voltada para os tempos que passaram.*

O ***idoso*** *tem planos;*

O ***velho*** *tem saudades.*

O ***idoso*** *curte o que resta da vida;*

O ***velho*** *sofre o que o aproxima da morte.*

O ***idoso*** *se moderniza, dialoga com a juventude, procura compreender os novos tempos;*

O ***velho*** *se emperra no seu tempo, se fecha em sua ostra e recusa a modernidade.*

O ***idoso*** *leva uma vida ativa, plena de projetos e de esperança. Para ele, o tempo passa rápido, mas a velhice nunca chega;*

O ***velho*** *cochila no vazio de sua vida e suas horas se arrastam destituídas de sentido.*

*As rugas do **idoso** são bonitas porque foram marcadas pelo sorriso;*

*As rugas do **velho** são feias porque foram vincadas pela amargura.*

*Em resumo, **idoso** e **velho** são duas pessoas que até podem ter a mesma idade no cartório, mas têm idades bem diferentes no coração.*

Autor desconhecido

APÊNDICES

SIMULAÇÃO DE APOSENTADORIA

Faça as contas você mesmo!

Utilize a Simulação de Aposentadoria on-line desenvolvida por Gustavo Cerbasi, disponível gratuitamente. Com ela, você pode organizar seus planos e refazer contas quantas vezes precisar, para se certificar de que está no caminho certo para alcançar seus objetivos.

Simulação de Aposentadoria

Simulador semelhante à Simulação de Poupança, porém usando como referência a renda que você deseja para a aposentadoria. É a mesma forma de simulação usada nos planos de previdência.

Campo	Valor	Unidade
Renda Pretendida	R$ 4.000,00	
Poupança que você já tem	R$ 50.000,00	
Tempo de poupança	240	meses
Rentabilidade mensal da aplicação	0,75	% ao mês
(–) Inflação mensal	0,20	% ao mês
(–) Imposto de Renda	15,00	%

Taxa real de aplicação: 0,4366% ao mês	**Poupança formada**
Aplicação Mensal: R$ 1.831,19	**R$ 916.114,29**

O uso é simples:

- Acesse o site www.maisdinheiro.com.br
- Clique na aba Simuladores
- Selecione Simulação de Aposentadoria
- Preencha os retângulos com as informações que você possui, atentando para preencher o tempo de poupança em *meses* (isto é, o número de anos para alcançar seu objetivo multiplicado por 12).

O objetivo é identificar o saldo que você precisará ter, incluindo a inflação, para obter a renda mensal que deseja.

SIMULAÇÃO DE POUPANÇA

Faça as contas você mesmo!

Utilize a Simulação de Poupança on-line desenvolvida por Gustavo Cerbasi, disponível gratuitamente. Esse é o simulador mais usado por aqueles que estão se preparando para alcançar grandes objetivos nos próximos anos. Refaça as contas quantas vezes precisar, para se certificar de que está no caminho certo para alcançar seus objetivos.

Simulação de Poupança

Um simulador de sua aposentadoria com base no valor que você consegue poupar mensalmente.

Poupança já existente	R$ 10.000,00
Aplicação mensal	R$ 200,00
Tempo de poupança	360 meses
Rentabilidade mensal da aplicação	1,30 % ao mês
(–) Inflação mensal	0,40 % ao mês
(–) Imposto de Renda	15,00 %

Taxa real de aplicação
0,7022% ao mês

Renda Obtida
R$ 3.155,27

Poupança formada

R$ 449.346,32

O uso é simples:

- Acesse o site www.maisdinheiro.com.br
- Clique na aba Simuladores
- Selecione a Simulação de Poupança
- Preencha os retângulos com as informações que você possui, atentando para preencher o tempo de poupança em *meses* (isto é, o número de anos para alcançar seu objetivo multiplicado por 12).

O objetivo é ajustar os indicadores, com base nos rendimentos que seus investimentos oferecem, para chegar ao valor poupado necessário para realizar seu objetivo. Importante: o valor encontrado ao final da inflação já desconta os efeitos da inflação! Ou seja, o saldo que você formará será maior que o calculado, só que seu poder de compra será correspondente ao de hoje em dia.

AGRADECIMENTOS

Este texto não existiria se não fossem as provocações, reclamações e inspirações de meus amigos e leitores, que durante anos me trouxeram centenas de reflexões sobre seus medos e ideias para o futuro. Algumas considerações chegaram a mim através de entrevistas, e-mails e dúvidas enviadas a programas de rádio, televisão e chats dos quais participei. Outras surgiram nas palestras e nos cursos que ministro. Independentemente do meio de acesso, todos que, um dia, estiveram em contato comigo, têm alguma participação neste livro. Ele é fruto desse aprendizado cotidiano que ainda não está no papel ou na internet, que depende de estarmos vivos e curiosos para aprender sobre e com as pessoas.

Obrigado a meus editores e a todo o time da Editora Sextante, que abraçou com competência e dedicação incríveis não só este projeto, como toda a minha coleção. Com vocês, eu realmente me sinto em casa!

Agradeço, em especial e mais uma vez, a meus pais Elza e Tommaso Cerbasi, os maiores especialistas em futuro que eu conheço. Vocês são a prova de que nenhuma escola é melhor do que um bom lar.

Agradeço também a Jessica e Carlo Pascarelli, primos, amigos e compadres. Cada almoço ou madrugada que adentramos conversando significam novos e melhores planos de vida!

E um obrigado muito mais que especial a Adriana, Guilherme, Gabrielle e Ana Carolina, que formam o núcleo do meu ser, com quem compartilho os sacrifícios e resultados de todos os planos de minha vida. Amo vocês!

CONHEÇA OUTROS TÍTULOS DO AUTOR

Investimentos inteligentes

Investir quase sempre envolve abrir mão de alguma coisa e se arriscar. Mas esse processo pode ser feito com bem menos sofrimento e riscos do que se imagina. Neste livro, o consultor financeiro Gustavo Cerbasi explica que não existe uma única forma perfeita de aplicar o dinheiro, e sim maneiras mais indicadas de usá-lo de acordo com as necessidades de cada pessoa.

Quais são os obstáculos enfrentados por um investidor iniciante? O que não se deve fazer ao investir? Cerbasi responde a essas e outras perguntas, desmistificando algumas questões e apresentando em linguagem acessível as melhores formas de investimentos, seja em renda fixa, ações, fundos, previdência privada ou imóveis, entre outras.

Casais inteligentes enriquecem juntos

De acordo com Gustavo Cerbasi, a raiz dos problemas financeiros enfrentados por casais está na falta de conversa sobre dinheiro. Em geral, só se fala sobre o assunto quando a bomba já estourou. E, como a maioria não discute a questão a dois, acaba deixando de fazer um orçamento realista, de guardar dinheiro para atingir suas metas e de se planejar para manter um bom padrão de vida no futuro.

Com sugestões válidas para qualquer fase de um relacionamento, desde o namoro até as bodas de ouro, este livro aponta diferentes estratégias para formar uma parceria inteligente na administração das finanças da família. Ele traz também testes que avaliam a capacidade do casal de construir riqueza.

CONHEÇA ALGUNS DESTAQUES DE NOSSO CATÁLOGO

- Augusto Cury: Você é insubstituível (2,8 milhões de livros vendidos), Nunca desista de seus sonhos (2,7 milhões de livros vendidos) e O médico da emoção
- Dale Carnegie: Como fazer amigos e influenciar pessoas (16 milhões de livros vendidos) e Como evitar preocupações e começar a viver
- Brené Brown: A coragem de ser imperfeito – Como aceitar a própria vulnerabilidade e vencer a vergonha (600 mil livros vendidos)
- T. Harv Eker: Os segredos da mente milionária (2 milhões de livros vendidos)
- Gustavo Cerbasi: Casais inteligentes enriquecem juntos (1,2 milhão de livros vendidos) e Como organizar sua vida financeira
- Greg McKeown: Essencialismo – A disciplinada busca por menos (400 mil livros vendidos) e Sem esforço – Torne mais fácil o que é mais importante
- Haemin Sunim: As coisas que você só vê quando desacelera (450 mil livros vendidos) e Amor pelas coisas imperfeitas
- Ana Claudia Quintana Arantes: A morte é um dia que vale a pena viver (400 mil livros vendidos) e Pra vida toda valer a pena viver
- Ichiro Kishimi e Fumitake Koga: A coragem de não agradar – Como se libertar da opinião dos outros (200 mil livros vendidos)
- Simon Sinek: Comece pelo porquê (200 mil livros vendidos) e O jogo infinito
- Robert B. Cialdini: As armas da persuasão (350 mil livros vendidos)
- Eckhart Tolle: O poder do agora (1,2 milhão de livros vendidos)
- Edith Eva Eger: A bailarina de Auschwitz (600 mil livros vendidos)
- Cristina Núñez Pereira e Rafael R. Valcárcel: Emocionário – Um guia lúdico para lidar com as emoções (800 mil livros vendidos)
- Nizan Guanaes e Arthur Guerra: Você aguenta ser feliz? – Como cuidar da saúde mental e física para ter qualidade de vida
- Suhas Kshirsagar: Mude seus horários, mude sua vida – Como usar o relógio biológico para perder peso, reduzir o estresse e ter mais saúde e energia

CONHEÇA OS LIVROS DE GUSTAVO CERBASI

Mais tempo, mais dinheiro
Casais inteligentes enriquecem juntos
Adeus, aposentadoria
Pais inteligentes enriquecem seus filhos
Dinheiro: Os segredos de quem tem
Como organizar sua vida financeira
Investimentos inteligentes
Empreendedores inteligentes enriquecem mais
Os segredos dos casais inteligentes
A riqueza da vida simples
Dez bons conselhos de meu pai
Cartas a um jovem investidor

Para saber mais sobre os títulos e autores da Editora Sextante,
visite o nosso site e siga as nossas redes sociais.
Além de informações sobre os próximos lançamentos,
você terá acesso a conteúdos exclusivos
e poderá participar de promoções e sorteios.

sextante.com.br